Romans 로마서 3

일러두기
- 이 교재는 《박영선의 다시 보는 로마서》에서 채택한 본문으로 구성되었습니다.
- 이 책에서는 개역개정판 성경을 인용하였습니다.
- 성경을 인용할 때, 절의 전체를 인용한 경우에는 큰따옴표(" ")로,
  절의 일부를 인용한 경우에는 작은따옴표(' ')로 표기하였으나
  예수님이 직접 하신 말씀을 인용한 경우에는 때에 따라 큰따옴표로 표기하였습니다.
- 본문에 《　》로 표기된 것은 도서를, 〈　〉로 표기된 것은 도서 외 작품을 가리킵니다.

성경공부 시리즈 105

로마서 3

2018년 3월　9일 초판 1쇄 발행
2024년 1월 10일 초판 2쇄 발행

지은이 박영선
기획 강선
편집 문선형, 정유진
디자인 잔
경영지원 함초아
펴낸이 최태준
펴낸곳 남포교회출판부
주소 서울특별시 송파구 올림픽로 4길 17, A동 301호
홈페이지 www.facebook.com/lampbooks **전화** 02-420-3155 **팩스** 02-419-8997
등록 2014. 2. 21. 제2014-000020호
ISBN 979-11-87506-09-6

무근검은 남포교회출판부의 새로운 이름입니다.
무근검은 '하나님의 영광은 무겁고 오래된 칼과 같다' 라는 뜻입니다.

성경공부
시리즈
105

Romans   로마서 3

들어가는 말

본 교재는 남포교회 구역 모임을 위해 준비되었습니다. 박영선 목사의 로마서 강해 설교집인《박영선의 다시 보는 로마서》를 저본으로, 신앙생활에서 잊지 말아야 할 신앙의 요점과 교회 생활을 하며 함께 생각해 보아야 할 점들을 염두에 두고 열한 장을 가려 뽑았습니다. 로마서를 더 깊이 공부하길 원하는 분은 위의 설교집을 읽으면 도움이 될 것입니다. 이 공부를 통해 신앙의 핵심을 되새기고 더욱 풍성한 교회 생활을 누리기를 바랍니다.

차례

프롤로그

로마서를 쓴 이유

로마서는 1장부터 11장까지 구원에 대해 설명합니다. 그 내용이 12장 1절에 나온 '그러므로'로 시작되는 결론에 어떻게 이어지는지 앞 내용을 잠시 되짚어 볼 필요가 있습니다. 우선 바울이 로마서를 쓰게 된 이유부터 살펴봅시다. 로마서 1장 8절입니다.

> 먼저 내가 예수 그리스도로 말미암아 너희 모든 사람에 관하여 내 하나님께 감사함은 너희 믿음이 온 세상에 전파됨이로다 내가 그의 아들의 복음 안에서 내 심령으로 섬기는 하나님이 나의 증인이 되시거니와 항상 내 기도에 쉬지 않고 너희를 말하며 어떻게 하든지 이제 하나님의 뜻 안에서 너희에게로 나아갈 좋은 길 얻기를 구하노라 내가 너희 보기를 간절히 원하는 것은 어떤 신령한 은사를 너희에게 나누어 주어 너희를 견고하게 하려 함이니 (롬 1:8-11)

바울이 로마에 있는 성도들을 간절히 보기 원했던 것은 그들에게 신령한 은사를 나누어 주어 그들을 견고하게 세워 주기 위해서입니다. 그런데 그들에게 가는 길이 막혀 자신의 마음을 편지로 대신하는데, 이 편지가 바로 로마서입니다. 그러니 로마서는 하나님을 모르는 사람들에게 복음을 선포하고 구원의 소식을 전하려고 기록된 것이 아닙니다. 로마에 있는 성도들은 새삼스럽게 복음을 들어야 했던 사람들이 아니었습니다. 그들은 이미 믿음을 소유한 하나님의 자녀들이었던 것입니다. 이 사실을 기뻐한 바울은 그들에게 신령한 은사를 더하여 주어 그들을 굳건하게 세우고 싶어 합니다. 예수를 믿고는 있지만 예수 믿는다는 말을 이해하거나 믿음으로 살아 내는 일에서는 더 나아가야 할 부분이 있었던 것입니다.

예수가 너희를 위해 죽었으므로

바울은 구원에 대해 3장 21절부터 11장에 걸쳐 자세하게 설명합니다. 그런데 그는 구원이 무엇인가에 대해 말하기 전에, 인류가 어떤 상태에 있었는지를 먼저 언급합니다. 1장 18절부터 3장 20절까지 보면, 인류는 전부 죄 아래 있었고 하나님의 진노를 피할 수 없는 운명에 처해 있었다고 합니다. 인생을 살아 보면 누구나 알게 되는 사실입니다.

　사람은 다 악합니다. 이런 사실은 우리 모두가 압니다. 사람은 다 나쁘며 인생은 살기 힘듭니다. 세상은 거짓되고 우리는 거의 매일 사면초가에 놓여 있습니다. 아무도 남을 도울 수 없고 자기 자신도 스스로 도울 수 없습니다. 아닌 척하고 있을 뿐입니다. 벌벌 떨어도, 길길이 날뛰어도 도울 수 없습니다. 모두가 전전긍긍합니다. 망하는 일 말고는 남은 게 없는 것이 역사이고 인생이라고 로마서는 3장 20절에 이르도록 설명합니다. 우리 모두 길이 없다, 세상도 마찬가지다, 망하는 수밖에 없다, 이 원통함을 호소할 데도 없다, 누구 잘못 때문이겠는가, 다 자기 잘못이다, 그러니 누구더러 어떻게 해보라고 할 수 있겠는가, 자기도 스스로 못하면서 말이다, 그런데 이 사면초가의 상황을 언급한 후에 나오는 것이 3장 21절부터 시작되는 위대한 복음의 내용입니다.

로마서 3장 21절은 '이제는'으로 시작합니다. '이제는'이라는 단어는 앞에 나온 내용을 함축하면서도 그것과는 조금 단절된 이야기를 할 때에 쓰는 말입니다. 더구나 우리말 성경에는 빠져 있지만, 다른 번역본에는 '이제는' 앞에 '그러나'가 들어 있습니다. 21절에 '그러나'를 넣어 읽어 보면 뒤에 이어지는 내용이 앞 내용과 극적 반전을 이룬다는 점이 더 분명해집니다.

> 그러나 이제는 율법 외에 하나님의 한 의가 나타났으니 율법과 선지자들에게 증거를 받은 것이라 (롬 3:21)

인간은 누구나 멸망과 죽음을 피할 수 없는 운명 앞에 서 있음을 확인하고 이제는 죽었구나, 남은 것은 처벌뿐이구나, 하고 절망하는 현실에서 '그러나'로 돌아서게 하는 것이 예수 그리스도로 말미암은 구원, 바로 복음입니다. 인류의 역사와 운명은 비참할 수밖에 없다, 인생에 해답이란 없다, 내가 왜 이렇게 사나 싶었는데 살아 보니 이 길에서 벗어날 방법은 없더라, 내가 다른 사람에게 해결책을 제시할 자격이 없는 것은 나 자신을 고칠 힘 역시 나에게 없다는 사실을 확인했기 때문이다, 이렇게 깨닫는 자리에 와서야 비로소 예수를 믿을 수 있게 되는 것입니다.

죄를 고백하는 것은 도덕적 반성에 국한된 문제가 아닙니다. 우리가 좀 더 잘나지 못했음을 인정하는 각성도 아닙니다. 그렇게 가볍지 않습니다. 우리는 죄인에 불과하며 망할 수밖에 없는 존재임을 깨닫는 처절함을 맛보는 자리가 바로 죄를 고백하는 자리입니다. 3장 21절에 나온 이 '그러나 이제는'은 인간의 이런 비참한 현실 앞에 놓인 반전(反轉)의 서막입니다.

하지만 이 놀라운 반전을 맞닥뜨린 다음에도 우리에게는 여전히 두려움과 의심이 있습니다. 내가 여전하기 때문입니다. '그러나 이제는'에 붙들려 놀라운 반전이 있음을 확인했는데, 예전보다 나아진 것은 없습니다. 복음이 주는 위대한 반전을 경험하고 예수 그리스도를 듣고 믿었는데, 도무지 내가 변하는 것 같지 않고 세상 역시 변하는 것 같지 않습니다. 여전히 답이 없어 보이는 현실의 연속입니다. 그런데 이런 상황에서 로마서 6장은 그리스도와의 연합을 이야기합니다.

그러므로 우리가 그의 죽으심과 합하여 세례를 받음으로 그와 함께 장사되었나니 이는 아버지의 영광으로 말미암아 그리스도를 죽은 자 가운데서 살리심과 같이 우리로 또한 새 생명 가운데서 행하게 하려 함이라 만일 우리가 그의 죽으심과 같은 모양으로 연합한 자가 되었으면 또한 그의 부활과 같은 모양으로 연합한 자도 되리라 우리가 알거니와 우리의 옛 사람이 예수와 함께 십자가에 못 박힌 것은 죄의 몸이 죽어 다시는 우리가 죄에게 종 노릇 하지 아니하려 함이니 이는 죽은 자가 죄에서 벗어나 의롭다 하심을 얻었음이라 (롬 6:4-7)

우리 마음에 두려움과 불안이 있는 것은 예수를 믿었으나 우리 자신이 속 시원히 변하지 않기 때문입니다. 또한 우리는 이 답답함을 명쾌하게 해결할 능력도 갖고 있지 않습니다. 그런데도 성경이 이야기하는 것은 '그러므로'입니다. 이 '그러므로'는 '네가 믿었으므로'이거나 '네가 변화되었으므로'가 아니라 '예수가 죽었으므로'입니다.

예수가 죽으셨기 때문이다, 예수가 죽어 네 신분과 운명을 바꿔 놓았다, 예수가 죽으심으로 네 죽을 수밖에 없는 운명을 당신의 죽음에 함께 묻으셨다, 예수가 부활하심으로 네 죽을 수밖에 없는 운명을 부활과 승리로 바꿔 놓으셨다, 그러니 예수를 믿는다는 것이 무엇인지 알아라, 두려워하지 마라, 이렇게 말씀하는 것입니다. 로마서 3장 21절의 '그러나 이제는'으로 반전된 현실은 내가 아니라 예수로 말미암아 펼쳐지는 것입니다. 이처럼 '그러므로'를 가능하게 하는 조건은 바로 예수입니다.

직선보다 나은 길

하지만 이런 사실을 알고 있어도 우리는 자주 지치고 맙니다. 잘 사는 것 같았는데, 문득 보면 여전히 제자리입니다. 그리스도로 말미암은 이 반전을 알고 나면 좀 나아져야 하는데, 여전히 안심이 되지 않는 자기 수준에 놀랍니다. 그래서 '그러므로'라는 말로 시작되는 선언이 8장 1절에 다시 나옵니다.

> 그러므로 이제 그리스도 예수 안에 있는 자에게는 결코 정죄함이 없나니 이는 그리스도 예수 안에 있는 생명의 성령의 법이 죄와 사망의 법에서 너를 해방하였음이라 (롬 8:1-2)

여기서 또 '그러므로'가 등장합니다. 로마서에 나온 '그러므로'는 무엇을 근거로 하며, 무엇을 조건으로 합니까? 예수를 근거로 하며 예수가 조건입니다. 그러므로 모든 믿음은 예수를 향합니다. 예수가 세상에 오셔서 시간과 공간 속을 살아 우리 죄를 지고 죽으셨다는 것이 역사적 사실이며, 우리 구원은 거기서 완성된 것이라고 로마서는 이야기합니다.

그때 이미 구원이 완성되었는데도 우리는 왜 이 모양인가, 이런 회의가 들 때 무엇이라고 답하겠습니까? 예수는 이미 완성하신 구원을 우리에게 적용하시는데, 이 일은 공식에 대입하는 것과 같은 기계적 작업이 아닙니다. 구원의 적용은 우리의 실존 곧 우리가 처한 시간과 공간 속에서 우리의 자유의지로 선택하고 망설이고 외면하고 항복하는 과정을 거쳐 이루어지는 것입니다. 이것이 각 신자들의 현실에서 일어나는 실제적 구원입니다.

여기서 중대한 질문이 제기됩니다. 하나님이 전권을 쥐고 계시며 결국 은혜가 승리한다는 말을 인정한다고 합시다. 그러면 그런 하나님의 은혜를 거부해 온 이스라엘은 어떻게 되는가, 하는 것입니다. 이것이 로마서 9장부터 11장까지 다루고 있는 내용입니다.

이스라엘이 예수를 거부하여 복음이 이방으로 넘어갔습니다. 그럼에도 이스라엘은 하나님에게 버림받은 것이 아니라고 바울은 단언합니다. 이스라엘의 운명이 어떻게 될 것인가는 우리에게도 중요합니다. 원래 하나님은 당신이 이스라엘에 부으신 은혜가 충만하여 이방에까지 넘쳐 흘러갈 것을 목적하셨는데, 이 일에 이스라엘이 실패했으니 이방에 복이 넘어가지 않아야 말이 될 것입니다. 그런데 이스라엘이 복음을 거부하자 복이 튕겨 나가듯이 이방에 넘어갔습니다. 바울은 바로 이것이야말로 하나님의 은혜가 무엇인지를 보여 주는 것이라고 합니다. 바로가 모세를 방해하고 하나님을 반대해도 하나님의 구원은 약화되거나 좌절되거나 타협되지 않고 더 풍성해졌습니다. 열 가지 재앙과 홍해를 가르는 사건으로 말미암아 하나님의 구원 역사가 더 풍성해진 일이 그 증거입니다. 하나님이 하시려고 하는 일은 아무도 막을 수 없기 때문입니다. 그래서 11장 마지막에 이런 찬송이 터져 나옵니다.

깊도다 하나님의 지혜와 지식의 풍성함이여, 그의 판단은 헤아리지 못할 것이며 그의 길은 찾지 못할 것이로다 누가 주의 마음을 알았느냐 누가 그의 모사가 되었느냐 누가 주께 먼저 드려서 갚으심을 받겠느냐 이는 만물이 주에게서 나오고 주로 말미암고 주에게로 돌아감이라 그에게 영광이 세세에 있을지어다 아멘 (롬 11:33-36)

한 점과 한 점을 잇는 가장 짧은 선을 직선이라 합니다. 선이 휘어져 곡선이 되면 에워가게 됩니다. 그런데 말하자면 하나님은 직선보다 빠른 길이 있다고 말씀하시는 셈입니다. 사람의 힘으로는 불가능한데 말입니다.

하나님은 우리가 순종하면 겨우 받아 주는 심판자 정도에 불과한 분이 아닙니다. 성경에 나온 표현으로 하면 아비가 자식을 불쌍히 여김같이 하나님은 우리를 용서하시며 돌이키시고 회복하시는 분입니다. 잣대를 들이대어 잘잘못을 가려내는 심판자가 아닌 것입니다. 그렇다고 우리의 거역이나 무지가 아무래도 좋다는 말은 아닙니다. 하나님은 우리의 반항이나 무지에도 포기하지 않으시고 이것들을 엮어 직선보다 더 나은 길을 만드시는 분이라는 뜻입니다.

01

산 제물,
삶으로 드리는 제사

1 그러므로 형제들아 내가 하나님의 모든 자비하심으로 너희를 권하노니 너희 몸을 하나님이 기뻐하시는 거룩한 산 제물로 드리라 이는 너희가 드릴 영적 예배니라 2 너희는 이 세대를 본받지 말고 오직 마음을 새롭게 함으로 변화를 받아 하나님의 선하시고 기뻐하시고 온전하신 뜻이 무엇인지 분별하도록 하라 (롬 12:1-2)

구원으로 말미암은 기회

로마서 1장에서 11장은 구원을 다루고 있습니다. 하나님이 인류에 대해서 가지신 목적과 의지, 그리고 인류를 향한 하나님의 사랑과 역사적 개입, 이 모든 것을 한 단어로 구원이라고 합니다. 구원이란 무엇이며, 어떻게 이루어지는가가 로마서 11장까지 자세히 다루어 지고 12장부터는 국면이 바뀝니다.

12장에 이르면 '그러므로 형제들아 내가 하나님의 모든 자비하심으로 너희를 권하노니 너희 몸을 하나님이 기뻐하시는 거룩한 산 제물로 드리라'라고 하여 새로운 국면에서 구원을 이야기합니다. 이런 구원을 받았으니 다르게 살라는 것입니다. 이처럼 로마서 12장은 우리가 살아야 할 새로운 인생을 열어 줍니다.

본격적으로 12장을 다루기 전에 염두에 두어야 할 점이 있습니다. 1장에서 11장까지 언급한 구원에 대한 이야기가 이제 다룰 신앙의 덕목과 어떻게 연결되는가 하는 것입니다. 우선 기억할 것은 앞서 구원에 대해 먼저 소개한 이유가 앞으로 언급할 덕목을 실천해야 하는 의무나 명분을 제시하기 위해서가 아니라는 점입니다. 오히려 앞서 설명한 구원은 이 덕목들을 실천할 기회를 제공해 줍니다. 이어지는 권면의 내용을 강요된 의무로 이해하느냐, 열린 기회로 이해하느냐에 따라 신앙에 대한 태도가 달라집니다.

앞에서 살펴보았듯이 구원은 이미 완료된 것입니다. 이제 남은 것은 구원을 받은 자로서 우리에게 주어진 삶을 영광스럽게 살 기회로 누릴 것인가, 아니면 어차피 받은 구원이니 제멋대로 살아 볼 것인가 하는 문제뿐입니다. 구원은 누군가를 판단하기 위한 전제로 삶의 실천을 요구하지 않습니다.

이런 이야기를 들을 때 우리 마음에 금방 떠오르는 생각은 '구원을 이런 식으로 소개하면 과연 누가 책임 있게 살려고 하겠는가?' 하는 의문일 것입니다. 그런데 현실에서 확인하듯이 덕목을 실천하는 것은 법을 준수하는 것과 다릅니다. 강제력을 동원하면 법을 준수하도록 강요할 수는 있지만, 도덕은 자발성이 없으면 실천할 수 없습니다. 하물며 신앙은 어떻겠습니까? 신앙의 실천이란, 한 사람의 마음에 믿음이 들어가 그가 신앙의 위대함을 깨닫고 기꺼이 항복하여 스스로 그 길에 들어서야 가능한 것입니다. 강제력으로는 도무지 실천할 수 없는 영역입니다.

하나님의 자비와 산 제물로 사는 삶

구원의 소식을 들으면 하나님에 대해 놀랍니다. 우리가 이해할 수 없는, 우리의 폭으로는 따라갈 수 없는 하나님을 향해 감격스러운 고백을 하게 됩니다. 이러한 고백과 찬양을 지나 이제 로마서 12장에 다다릅니다. '그러므로 형제들아 내가 하나님의 모든 자비하심으로 너희를 권하노니.' 여기서 자비는 어떤 것입니까? 자비를, 그냥 넘어가 주는 호의 정도로 쉽게 이해해서는 안 됩니다. 죄인을 향해 오래 참으시고, 당신의 아들을 보내셔서 십자가를 지게 하시고, 그로 피 흘려 고난받게 하사 죽음을 관통하여 이루신 하나님의 부활과 승리가 담긴 사랑이 바로 '자비'입니다. 이 자비하심이 얼마나 큰 하나님의 의지인지 이해하겠습니까? 성경에 나온 표현 중 '피 흘려 구원하셨다'라는 말이 있습니다. '피 흘려'라는 것은 얼마나 대단한 개입이며 놀라운 성의입니까? 가장 지극한 성의와 열정이 담긴 표현입니다. 하나님은 피 흘려 자비를 베푸신 것입니다. '하나님이 이런 자비를 베푸셨으니'라는 의미가 바로 12장 1절의 '그러므로'라는 말에 함축되어 있습니다.

> 그러므로 형제들아 내가 하나님의 모든 자비하심으로 너희를 권하노니 너희 몸을 하나님이 기뻐하시는 거룩한 산 제물로 드리라 이는 너희가 드릴 영적 예배니라 (롬 12:1)

'산 제물'이란 무엇입니까? '삶으로 드리는 제사'를 말합니다. 구원이 죄인 된 인생과 신자 된 인생을 어떻게 나누는가를 현실에서 확인했다면, 실제 네 삶에서 구원을 누려 보고 증언하고 살아 보라는 이야기입니다. 이렇게 사는 것은 옳고 저렇게 사는 것은 그르다고 비교하는 도덕적 판단이 아닙니다. 복음을 구체적인 자신의 인생에 담아내는 그 명예로운 길을 걸어 하나님의 영광을 드러내라는 권면입니다.

안 하면 가만두지 않겠다고 하는 강요가 아님을 기억하기 바랍니다. 그런데도 우리는 종종 이 구절을 타인을 강제하는 수단으로 삼습니다. 물론 상대방에게 "예수 믿는 사람이 그렇게 살아도 돼?"라고 꾸중할 때도 있을 것입니다. 그러나 그때도 이것이 마치 신앙의 유일한 잣대이고 동기인 양 굴어서는 안 됩니다.

인생과 세상이 얼마나 헛되고 거짓되고 더러우며 살 가치가 없는가를 확인한 자만이 이것을 깨달을 수 있습니다. 구원의 영광을 안고 살아가는 것은 보상이나 자기 증명이 아니라 진정한 명예라는 것을 말입니다. 그런 의미에서 '너희 몸을 하나님이 기뻐하시는 거룩한 산 제물로 드리라'라는 말씀이 나오는 것입니다. 산 제물은 '삶으로 드리는 제사'를 의미한다고 앞서 언급하였습니다. 너희 몸을 하나님이 기뻐하시는 산 제물로 드리라. 이는 기독교인이 되려면 당연히 바쳐야 하는 어떤 희생, 헌신, 열정, 책임 같은 것을 강요하는 구호가 아닙니다. 구원이 무엇인지를 죄악이 관영하는 세상 속에서 누려 새로운 피조물로 사는 영광을 살아생전에 맛보라는 말씀입니다.

거짓말을 안 하는 것은 그 자체로 명예입니다. 거짓말은 참으로 어쩔 수 없는 경우에 몰릴 때 버틸 실력이 없어서 하는 것입니다. 실력이 생기면 거짓말을 안 할 수 있습니다. 도둑질은 왜 합니까?

그 방법 말고는 할 수 있는 게 없어서 그렇게 하는 것입니다. 그러나 실력이 생기면 훔치지 않고 굶을 수 있습니다. 남의 소유를 뺏는 일을 감히 할 수 없기 때문입니다. 이는 도덕적 차원에서 그 정도는 인내할 수 있다는 의미가 아닙니다. 굶거나 헐벗었다고 해도 훼손할 수 없는 존엄한 존재의 가치를 이제 알았기 때문입니다.

이 세대를 본받지 말고

'산 제물로 살아가는 너희'와 대조되는 것이 12장 2절의 '이 세대'입니다. 그래서 산 제물로 살아가는 이 일은 2절에 있는 '이 세대를 본받지 말고 하나님의 뜻을 분별하라'에서 보듯 분별로 이어질 수밖에 없습니다. 우리는 세상의 위협과 유혹이 무엇인지 간과해서는 안 됩니다. 세상을 이겨야 하기 때문입니다. 이긴다는 것은 무엇일까요? 분별하는 것입니다. 우리는 늘 이 문제와 마주하게 됩니다. 이겨야 하는 싸움, 이 분별의 싸움을 에베소서는 이렇게 소개합니다.

그러므로 내가 이것을 말하며 주 안에서 증언하노니 이제부터 너희는 이방인이 그 마음의 허망한 것으로 행함 같이 행하지 말라 그들의 총명이 어두워지고 그들 가운데 있는 무지함과 그들의 마음이 굳어짐으로 말미암아 하나님의 생명에서 떠나 있도다 그들이 감각 없는 자가 되어 자신을 방탕에 방임하여 모든 더러운 것을 욕심으로 행하되 오직 너희는 그리스도를 그같이 배우지 아니하였느니라 진리가 예수 안에 있는 것 같이 너희가 참으로 그에게

서 듣고 또한 그 안에서 가르침을 받았을진대 너희는 유혹의 욕심을 따라 썩어져 가는 구습을 따르는 옛 사람을 벗어 버리고 오직 너희의 심령이 새롭게 되어 하나님을 따라 의와 진리의 거룩함으로 지으심을 받은 새 사람을 입으라 (엡 4:17-24)

이 말씀을, 이렇게 살지 않으면 넌 아웃이야, 이렇게 사는 것만이 옳은데 넌 왜 이렇게 못해, 라는 의미로 읽으면 곤란합니다. 부모가 자식에게 간절함을 품고 권면하는 교훈으로 이해하며 읽어야 합니다. 네 욕심대로 사는 것은 부끄럽고 무지한 짓이다, 철없는 짓이다, 더러운 짓이다, 그러니 너희는 그렇게 살지 말라는 것입니다. 예수 안에서 배운, 새로운 인간의 존엄성과 가치를 따라 사십시오. 그것이 복입니다.

새 사람을 입으라는 것은 더 열심을 내라는 것도 아니고, 어떤 수단과 방법을 동원하라는 것도 아닙니다. 하나님이 예수 안에서 허락하신 구원으로 말미암은 자유를 누리라는 것입니다. 세상은 자기 의를 증명하는 일이나 이해관계가 얽힌 명분을 좇는 일 말고는 도덕이나 법의 용도를 모릅니다. 세상은 법도 자기를 위해서 쓰고 도덕도 자기를 위해서 쓰지만, 우리는 법이든 도덕이든 양심이든 상식이든 예수 안에서 허락된 하나님의 영광에 붙들린 자로 그것을 사용합니다. 이 점이 다릅니다.

기독교 신앙의 영광은 무엇일까요? 물론 기독교에도 당연히 도덕성이 있습니다. 하지만 기독교는 여기서 한발 더 나아갑니다. 자비와 용서, 희생, 사랑에까지 갑니다. 이 모든 것은 이를 누리게 된 영광에 대한 감사로 이어질 뿐, 이해관계나 정죄의 차원에서 사용

되지 않습니다. 그렇다고 이것으로 상대적 우위를 얻으려고도 하지 않습니다.

사랑을 받는 자녀같이

복음을 이해한 사람은 좋은 표정을 짓게 됩니다. 좋은 표정을 지어 주고 따뜻한 말 한마디 건네는 것, 우리는 이런 일을 사소하게 여겨 자주 놓칩니다. 에베소서 5장을 봅시다. 이 구절을 어떻게 받아들이 겠습니까?

> 그러므로 사랑을 받는 자녀 같이 너희는 하나님을 본받는 자가 되 고 그리스도께서 너희를 사랑하신 것 같이 너희도 사랑 가운데서 행하라 (엡 5:1-2상)

'사랑을 받는 자녀같이'라는 말은 굉장한 말입니다. 성경은 우리에 게 쓸모 있는 사람이 되라고 하지 않습니다. 사랑을 받으라고 합니다. '사랑을 받으라.' 우리 인생에 일어난 모든 일을 통해 하나님은 우리에게 유익을 주실 것입니다. 신령한 결과를 만드실 것입니다. 그런데 우리는 문제 해결에만 급급합니다. 무엇을 해결해 달라는 것일까요? 고통을 면하게 해 주고, 자존심을 세워 달라는 것입니다.

반면에 하나님은 자존심을 내려놓으신 분입니다. 바벨론 포로 때 하나님의 성전이 훼파되는 것을 감수하시고 예수를 우리 손에 보 내어 십자가에 죽게 하십니다. 그것이 사랑입니다. 명분과 도덕성으로 몰아가려고 이 말을 하는 것이 아닙니다. 하나님의 사랑이 어떤 것인가를 말하고 싶습니다.

본문은 '그러므로 형제들아 내가 하나님의 모든 자비하심으로'라는 말로 시작합니다. 여기 나온 자비하심이 얼마나 대단한 하나님의 성의이며 의지인가를 보았다면 분별하십시오. 세상을 따르는 길과 하나님을 따르는 길이 어떻게 다른지 분별하십시오. 그리하여 어떤 길이 명예롭고 영광스러운 길인가를 확인하십시오.

인생은 짧습니다. 사랑 한 번 제대로 못해 보고 원망만 하다가 일흔이 됩니다. 그렇게 살면 안 됩니다. 지금이라도 늦지 않았으니 웃으십시오. 사랑을 받는 자녀같이 웃으십시오. 성경이 우리에게 이렇게 이야기합니다. 그러므로 형제들아 너희 인생과 존재에 구원의 진정한 증언을 품고 살아라, 그것을 네 인격과 생애 속에 담고 구체적으로 살아 내라, 이는 영광스러운 길이니라, 그것이 구원이니라.

질문하기

1.

신앙의 실천은 언제 가능합니까?

2.

'산 제물로 사는 삶'이란 어떤 것입니까?

3.

에베소서 4장 24절의 '새 사람을 입으라'는 말씀은 무슨 뜻입
니까?

나누기

'사랑을 받는 자녀 같이 사는 삶'이란 구체적으로 어떤 삶인지 나
누어 봅시다.

02

제한,
복을 이루시는
구체적 조건

1 그러므로 형제들아 내가 하나님의 모든 자비하심으로 너희를 권하노니 너희 몸을 하나님이 기뻐하시는 거룩한 산 제물로 드리라 이는 너희가 드릴 영적 예배니라 2 너희는 이 세대를 본받지 말고 오직 마음을 새롭게 함으로 변화를 받아 하나님의 선하시고 기뻐하시고 온전하신 뜻이 무엇인지 분별하도록 하라 3 내게 주신 은혜로 말미암아 너희 각 사람에게 말하노니 마땅히 생각할 그 이상의 생각을 품지 말고 오직 하나님께서 각 사람에게 나누어 주신 믿음의 분량대로 지혜롭게 생각하라 (롬 12:1-3)

구원으로 허락된 기회

로마서 12장은 '그러므로'로 시작합니다. 1장에서 11장까지의 내용을 전제로 하여 권면하는데, 그 첫 문구가 '그러므로'입니다. 하나님의 능력과 의지와 성실로 이루신 구원을 보았으니 그러므로 이 허락된 구원을 너희의 구체적 삶으로 살아 내라, 너희 몸을 하나님이 기뻐하시는 산 제물로 드리라, 곧 삶으로 드리는 제사로 살아 내라는 말씀으로 귀결하는 것입니다.

　이어서 12장 2절에는 분별에 관한 말씀이 나옵니다. 예수 믿고 사는 인생이 예수를 모르고 사는 인생과 어떻게 다른지를 다만 도덕성이나 기능적 차원에서 확인하지 말고 정체성의 차이로 확인해라, 떠밀려 살듯이 의무감 때문에 억지로 하지 말고 이 길을 따라 사는 것이 신자의 명예요 영광인 줄 알고 살아 내라고 합니다.

3절은 신자의 인생이 여러 제한 속에 놓여 있음을 전제로 하는 말씀입니다. '마땅히 생각할 그 이상의 생각을 품지 말고 오직 하나님께서 각 사람에게 나누어 주신 믿음의 분량대로 지혜롭게 생각하라.' 이 구절은 참 중요한데, 앞에 나온 1절과 2절의 내용을 좀 더 분명히 확인해야 이 구절을 이해할 수 있을 것입니다. '그러므로 형제들아 내가 하나님의 모든 자비하심으로 너희를 권하노니'라는 권면은 이미 허락된 구원, 이미 허락된 자비를 전제하고 하는 말입니다. 출애굽기 19장에 가면 구원에 대해, 하나님의 자비에 대해 그림을 그리듯이 구체적으로 묘사해 주는 역사적 증언을 만나게 됩니다.

> 이스라엘 자손이 애굽 땅을 떠난 지 삼 개월이 되던 날 그들이 시내 광야에 이르니라 그들이 르비딤을 떠나 시내 광야에 이르러 그 광야에 장막을 치되 이스라엘이 거기 산 앞에 장막을 치니라 모세가 하나님 앞에 올라가니 여호와께서 산에서 그를 불러 말씀하시되 너는 이같이 야곱의 집에 말하고 이스라엘 자손들에게 말하라 내가 애굽 사람에게 어떻게 행하였음과 내가 어떻게 독수리 날개로 너희를 업어 내게로 인도하였음을 너희가 보았느니라 세계가 다 내게 속하였나니 너희가 내 말을 잘 듣고 내 언약을 지키면 너희는 모든 민족 중에서 내 소유가 되겠고 너희가 내게 대하여 제사장 나라가 되며 거룩한 백성이 되리라 너는 이 말을 이스라엘 자손에게 전할지니라 (출 19:1-6)

구원은 하나님이 이미 이루셨고, 구원 얻은 이스라엘 백성은 광야에 나와 있습니다. 하나님은 이스라엘 백성에게 너희가 어떠한 구원을 받았는지 보았으니 너희는 내 백성이 되어라, 그 영광을 누려라, 내게 순종하고 나와 맺은 언약을 지켜라, 그리하면 너희는 내 소유 곧 내 보물이 되리라고 하십니다. 받은 구원과 허락된 은혜에 보답하려고 실천하는 신앙생활이 아니라, 하나님이 이루신 구원의 영광을 누리며 살라고 하십니다. 잘못을 안 저지르면 그만인 수준을 넘어 예전에는 누릴 수 없었던 영광스러운 삶, 세상은 도무지 알지 못하는 복된 인생을 살라는 것입니다. 책임이나 의무나 명분 같은 것으로 이 영광을 가리지 마십시오.

구원으로 허락된 새로운 인생의 목적은 하나님의 자녀로서 진정한 삶을 사는 데에 있습니다. 하나님이 창조를 통해서 우리에게 주시기로 목적한 영광스러운 이 삶은 예수로 말미암아 비로소 가능하게 됩니다. 하나님이 주신 구원을 값싼 은혜로 여겨서는 안 됩니다. 구원이 얼마나 값진 대가를 치르고 이루어진 것인가는 예수와 그의 십자가에서 너무나 크고 놀랍고 분명하게 증언되었습니다. 이것이 기독교 신앙의 근거입니다.

구체성을 드러내 주는 제한

하나님은 당신의 영광을 예수의 죽음으로 선포하셨습니다. 그런 죽음으로도 영광을 드러내신 것입니다. 그러니 마땅히 생각할 그 이상의 생각을 품지 말고 믿음의 분량대로 지혜롭게 생각하십시오. 이것은 우리 인생에서 모두가 직면하는 현실적 조건입니다. 나는 나입니다. '나'라는 존재는 '너'가 될 수 없고 '그들'이 될 수 없습니다. 이것은 너무나 당연합니다. 나라는 존재는 여러 제한과 한계 속에 묶여 있습니다. 가장 크게는 시간과 공간에 묶여 있습니다. 우리는 여러 시대를 동시에 살 수 없으며, 두 곳에 동시에 있을 수 없습니다. 그리고 각자의 조건은 저마다 다릅니다. 남과 여, 김씨와 박씨, 저마다 속한 사회와 유산이 다릅니다. 좋고 나쁘고는 그다음 문제입니다. 이렇게 우리는 제한된 존재로 예수의 길을 따라갑니다.

예수는 하나님과 동등한 본체시나 당신의 모든 영광을 버리고 순종하는 자리에 오셨습니다. 순종하는 자리란 제한된 자리입니다. 신자의 가장 큰 착각은 자신의 한계나 조건을 방해물로 여기는 데에 있습니다. 그러나 성경은 우리가 처한 모든 조건과 한계로도 충분하다고 말합니다. 우리가 바라는 만큼 주어지지 않는 능력과 기회만으로도 충분하다고 합니다. 우리 눈에는 제한이지만, 하나님 편에서 볼 때는 구체성인 것입니다. 일이 이루어지는 구체적 현장 말입니다.

'나'라는 존재는 구체적입니다. 막연하지 않습니다. 구체적 존재와 특정한 정황을 떠나 진심, 행복, 감동, 이런 추상명사만 돌아다니게 해서는 안 됩니다. 그것이 내용을 담고 있어야 합니다. 본문이 있어야 하고 본문을 담아낼 주체가 있어야 합니다. 자기와 자기 인생, 자기와 자기 정체가 있어야 합니다. 구체성은 외면하고 실제로 살아내지는 않으면서 화려해 보이는 외양만 추구하는 바람에 우리 신앙은 아무 쓸데가 없어졌습니다. 이 대목을 매우 조심해야 합니다.

주어진 조건을 감수하는 삶

마땅히 생각할 그 이상을 생각하지 마라, 이는 만만치 않은 말씀입니다. 주어진 조건 속에서 하나님의 사람으로 살아 내야 합니다. 살면서 보면 누가 가장 복 있는 사람으로 여겨집니까? 이제 제 나이쯤 되어 보니 웃는 사람이 복되다는 것을 알게 되었습니다. 어떤 사람이 웃습니까? 자신에 대해 만족하는 사람이 웃습니다. 세상은 진정한 웃음을 지을 줄 모릅니다. 경쟁에서 이기는 것 말고는 자기 정체성을 확인할 방법이 없기 때문입니다. 이겨 봐야 얻어 갈 것도 없으면서 서로 비난하고 죽이는 것밖에는 할 수 있는 것이 없습니다.

예수를 믿는다는 말은 이와 정반대에 서 있는 말입니다. 우리만이 웃을 수 있습니다. 우리가 복이며 하나님의 보물이기 때문입니다. 예수 그리스도를 믿는다는 고백으로 우리는 예수 그리스도를 재현해 내는 삶을 살고 있습니다. 우리의 고난, 우리의 실패, 우리의 무능까지도 다 합해서 말입니다.

그런데도 예수님이 잡히실 때 제자들이 다 도망친 이유가 무엇입니까? 예수님이 당신이 곧 죽을 것이라고 하자 그들은 더 이상 기대할 것이 없었던 것입니다. 이제 죽으시겠다고 하는데, 무엇을 더 기대할 수 있었겠습니까? 그러니 다 도망가 버렸습니다. 그러나 예수는 죽음으로 끝나지 않았습니다. 우리의 죽음도 예수 안에서 해석할 수 있어야 합니다. 죽음이 끝이라고 말하는 것은 세상이고, 죽음이 부활로 가는 길이라고 말하는 것은 신앙입니다. 겁날 것이 없습니다. 갈라디아서 6장에 가 보면 성경이 이 문제를 어떻게 설명하고 있는지 알 수 있습니다.

형제들아 사람이 만일 무슨 범죄한 일이 드러나거든 신령한 너희
는 온유한 심령으로 그러한 자를 바로잡고 너 자신을 살펴보아 너
도 시험을 받을까 두려워하라 너희가 짐을 서로 지라 그리하여 그
리스도의 법을 성취하라 만일 누가 아무것도 되지 못하고 된 줄로
생각하면 스스로 속임이라 각각 자기의 일을 살피라 그리하면 자
랑할 것이 자기에게는 있어도 남에게는 있지 아니하리니 각각 자
기의 짐을 질 것이라 (갈 6:1-5)

갈라디아서 본문이 전하려는 메시지는 이것입니다. 기독교 신앙에
서 한 사람의 정체성은 이웃과의 관계, 이웃과의 조화 속에 있습니
다. 율법의 요약이 하나님 사랑과 이웃 사랑인 것처럼 신자는 이웃
에게 필요한 존재여야 합니다. 우리 모두는 관계 속에 있습니다. 관
계를 떠나 자기 정체성만을 따로 떼어 확인하려고 하면 인격이 없
는 추상명사에 매이게 됩니다. 옆 사람과 상관없이 사랑, 정의, 평
화, 감동, 행복, 이런 것에만 매달리면 사람이 강퍅해집니다. 추상
명사 자체에 문제가 있어서가 아니라 관계를 떠나면 다만 명분에
불과해지기 때문입니다.

　짐을 서로 지라고 합니다. 이것은 무슨 말일까요? 짐을 서로 지는
모습을 연상해 보니 '그물'이 떠올랐습니다. 그물코는 그 하나만 독
립해서 달랑 있을 수 없습니다. 그물코 하나만 있는 것을 그물이라
고 말하지 않습니다. 그물의 목적은 그물코 각각이 힘을 모아 목표
물을 지탱하는 데에 있습니다. 누구 옆에 붙들려 있는지 모르게 묶
여 있는 것이 그물입니다. 축구에서 골네트가 그렇습니다. 발로 차
서 공이 들어가면 '골네트를 흔들었다'고 말합니다. 축구공이 들어

간 자리만 타격을 받는 것이 아니라 그 힘이 골네트 전체에 전달되어 출렁거립니다.

하나님은 인간이라는 존재의 정체성을 '관계를 위한 독립된 인격'이라는 데에 두셨습니다. 하나님이 인간을 창조하실 때에, "우리가 우리의 형상대로 사람을 짓자"라고 말씀하셨는데, 여기서 하나님은 복수로 등장하십니다. 하나님도 관계 속에 존재하시는 분으로 묘사되어 있는 것입니다. 우리 지각으로는 다 이해하지 못할 굉장히 신비롭고 깊은 내용이 여기 담겨 있습니다.

어찌 보면, 하나님이 신자에게 의도하신 삶은 합창과 같은 것이 아닌가 생각합니다. 합창은 제창과 다릅니다. 다 함께 같은 음을 노래하는 것이 아니라 각자 다른 음을 내어 화음을 이룹니다. 독창을 잘하는 것도 멋지지만, 화음이 주는 하모니는 더 멋집니다. 혼자서 자기 할 일 다 하면 그것으로 그만이라고 생각하는 것은 아직 인간이 무엇인지, 신자가 어떤 부르심을 받았는지 그 정체성을 모르는 것입니다. 아무것도 되지 못하고 된 줄로 생각하는 것입니다. 개념이나 추상명사나 인격이 아닌 것에 묶여 자신을 확인하는 것은 아직 멀었다고 할 수 있습니다. 하나님은 다른 사람과 함께 갈 수 있느냐를 우리에게 물으십니다.

합창에서 가장 중요한 파트는 베이스입니다. 베이스가 없으면 합창이 흔들립니다. 소프라노든, 알토든, 테너든 베이스 위에서 춤을 추는 것입니다. 다른 파트로 춤추게 하려고 베이스는 춤을 추지 않습니다. 그래서 베이스는 멜로디가 없습니다. 우리 인생이 이와 같습니다. 하나님이 우리를 베이스로 부르셨다는 것을 알아야 합니다. 멜로디가 없는, 그 맛없는 맛을 감내하지 못하면, 기독교 신앙의 위대함을 놓치게 됩니다.

　이것을 모르면 신앙은 늘 불만이 가득하며 억울할 수밖에 없습니다. 힘든 것과 억울한 것은 다릅니다. 합창하면 힘은 듭니다. 그러나 아름답고 명예롭습니다. 그렇게 세상을 살아가야 합니다. 하나님이 아브라함을 불러 너는 복이 될지라고 말씀하신 것 같이, 우리를 불러 너는 복이 될지라고 말씀하고 계십니다. 이 말씀을 믿음으로 받아 주어진 삶을 살아가십시오. 우리의 한계를 감수하십시오. 이는 곧 우리의 구체성입니다. 한계는 결코 소극적인 요소가 아님을 기억하여 자기 자리를 지키고 웃으십시오. 그다음은 하나님이 알아서 하실 것입니다.

질문하기

1.

출애굽한 이스라엘 백성에게 하나님은 어떤 인생을 살라고 하
십니까?

2.

순종하는 자리란 어떤 자리입니까?

3.

하나님은 인간 존재의 정체성을 어디에 두셨습니까?

나누기

교회에는 훌륭한 합창대원 같이 자신의 역할을 잘 감당하는 이들
이 많습니다. 구체적 사례를 함께 나누어 봅시다.

은사,
모두에게
유익이 되라

3 내게 주신 은혜로 말미암아 너희 각 사람에게 말하노니 마땅히 생각할 그 이상의 생각을 품지 말고 오직 하나님께서 각 사람에게 나누어 주신 믿음의 분량대로 지혜롭게 생각하라 **4** 우리가 한 몸에 많은 지체를 가졌으나 모든 지체가 같은 기능을 가진 것이 아니니 **5** 이와 같이 우리 많은 사람이 그리스도 안에서 한 몸이 되어 서로 지체가 되었느니라 **6** 우리에게 주신 은혜대로 받은 은사가 각각 다르니 혹 예언이면 믿음의 분수대로, **7** 혹 섬기는 일이면 섬기는 일로, 혹 가르치는 자면 가르치는 일로, **8** 혹 위로하는 자면 위로하는 일로, 구제하는 자는 성실함으로, 다스리는 자는 부지런함으로, 긍휼을 베푸는 자는 즐거움으로 할 것이니라 **9** 사랑에는 거짓이 없나니 악을 미워하고 선에 속하라 **10** 형제를 사랑하여 서로 우애하고 존경하기를 서로 먼저 하며 **11** 부지런하여 게으르지 말고 열심을 품고 주를 섬기라 **12** 소망 중에 즐거워하며 환난 중에 참으며 기도에 항상 힘쓰며 **13** 성도들의 쓸 것을 공급하며 손 대접하기를 힘쓰라 (롬 12:3~13)

은혜를 받은 자답게

구원받은 자의 삶이란 신자답게 살자, 옳은 일을 하자, 쓸모 있게 살자와 같은 구호와 명분에 붙들려 사는 삶이 아닙니다. 이 삶은 하나님이 당신의 형상을 따라 만드셨던 인간이, 하나님이 원래 의도하신 목적대로 이제 하나님의 영광의 찬송이 되어 사는 것을 말합니다.

로마서 6장에 있는 표현대로 하면, 너희가 전에 죄의 종이었을 때에는 너희 지체를 부정과 불법에 내주어 불법에 이르렀다, 이제는 죄에서 해방되고 의의 종이 되었으니 하나님의 자녀로 사는 삶이 어떤 것인지 따라가 보라, 이런 요청인 것입니다.

기독교 신앙이 천국과 지옥, 옳고 그름, 유익과 무익, 이렇게 이분법으로 재단되기 시작하면 풍성함을 잃고 가난해집니다. 이런 구분은 기독교 신앙의 한 측면을 강조하기 위해 지어진 것일 뿐, 기독교가 원래 지닌 부요함과 깊이가 유용성이나 명분, 도덕성 등으로 축소되어서는 안 됩니다. 그러니 '명예롭게 살라'라는 말도 다만 명예라는 추상명사에 매여 살라는 의미가 아님을 주의해야 합니다.

하나님이 인간을 구원하시기 위하여 지금껏 해 오신 일을 보면 하나님이 어떤 분인지 알게 됩니다. 구약 성경을 보면 하나님이 잘못하셨던 경우를 발견할 수 없습니다. 전부 이스라엘이 못났음을 보여 줄 뿐입니다. 이런 못난 이스라엘을 하나님이 어떻게 대접하셨는지, 하나님이 그들을 얼마나 애타게 기다리고 달래셨는지 깨달아야 합니다.

하나님이 예수 안에서 이 세상이 담아내거나 이해할 수 없는 방법으로 죽음의 한복판을 뚫고 들어오셔서 우리의 구원을 이루셨다는 것을 보았다면, 그분이 목적하시며 우리에게 살아 보라고 하시는 그 길을 걸어야 합니다. 이 길은 명분이나 구호로 때울 수 있는 것이 아닙니다. 그런 명분 자체가 궁극적 가치가 되어 우리를 묶게 되면 기독교가 말하는 하나님의 높으심과 넓으심과 깊으심을 제대로 이해할 수 없게 됩니다. 그래서 로마서 12장 2절에서는 이 세대를 본받지 말고 하나님이 기뻐하시는 뜻이 무엇인지 분별하라는 말씀이 나온 것입니다.

하나님은 어떤 분이십니까? 은혜롭고 자비롭고 노하기를 더디하고 인자와 진실이 많은 하나님, 우리를 사랑하여 이 땅에 죽으러 오신 하나님, 일흔 번씩 일곱 번이라도 용서하시는 하나님이십니다. 말로 다 할 수 없는 큰 은혜입니다. 그런데 우리는 그 큰 은혜를 입은 후에는 그 은혜의 폭을 스스로 좁혀 버립니다. 성경은 그렇게 하지 말라고 합니다.

특별하고 고유한 각각의 삶

로마서 12장 3절에서는 마땅히 생각할 그 이상의 생각을 품지 말라고 합니다. 지난 장에서 이 구절은 우리의 한계를 전제하는 구절임과 동시에 우리 삶의 구체성을 표현해 주는 구절이라고 말씀드렸습니다. 각각 자기 삶을 살아라, 다른 사람의 삶을 구경하듯 살지 마라, 삶이란 각자가 살아 내는 영광스러운 것이다, '나'는 '너'가 아니며 '내'가 '너'일 수 없는 것은 한계가 아니다, '나'는 '나'일 수밖에 없는 구체성으로 성경의 약속을 각자 인생에 채우고 경험하고 누려라, 라고 말하는 것입니다.

이런 맥락을 따라 4절 이하에서는 자기가 걸어가는 그 길에서 영광을 살아 내라고 말씀합니다. 이어 7절 이하에서는 섬기는 일이면 섬기는 일로, 가르치는 자면 가르치는 일로, 위로하는 자면 위로하는 일로, 구제하는 자는 성실함으로, 다스리는 자는 부지런함으로, 긍휼을 베푸는 자는 즐거움으로 하라고 합니다. 여기 나열된 일은 전부 어떤 한계를 품고 있습니다. 하나님이 각각에게 허락하신 구체성을 살아 내라는 것입니다. 우리의 구체성 곧 대한민국에 태어나, 누구의 아내이고, 누구의 엄마인 자기 자신의 삶, 바로 이 삶을 살아 내십시오. 이것이 복이고 영광입니다.

자기 인생을 거창한 명분 같은 데에 걸어 두느라 정작 자기가 아니면 감당할 수 없는 자기 자리, 자기 인생을 놓쳐서는 안 됩니다. 자신을 더 우월해 보이는 존재와 비교하고 경쟁하느라 실제로 살아 내는 일은 뒷전인 그런 삶을 살지 마십시오. 모두가 각각 특별하고 고유한 인생을 사는 것입니다. 우리가 더 유능하다는 점이 증명

되고 더 많은 발언권을 가져야 우리 인생이 더 가치 있고 쓸모 있을 것이라고 생각합니까? 그렇지 않습니다. 세상이 우리를 그렇게 속이는 것뿐입니다. 성경은 "너, 이겨야 해"라고 말하지 않고 "괜찮아, 너, 충분하다"라고 말합니다.

성경이 분명하게 말하고 있는데도 우리는 겁을 냅니다. 우리가 부족해서 하나님의 일에 지장을 준다며 자책합니다. 성경은 그렇지 않다고 합니다. 그러니 감사하는 자가 되십시오. 할 수 있는 것을 하십시오. 그것은 아무도 대신할 수 없는 일입니다. 이 대목에서 사도 바울의 고백, '나에게 이르시기를 내 은혜가 네게 족하도다 이는 내 능력이 약한 데서 온전하여짐이라 하신지라 그러므로 도리어 크게 기뻐함으로 나의 여러 약한 것들에 대하여 자랑하리니'라는 말씀을 생각해 보기 바랍니다. 이는 기독교만이 줄 수 있는 은혜이고 기적입니다.

은사의 핵심

고린도전서 12장에 가 봅시다. 섬기고 구제하고 위로하는 일의 가치를 다루고 있는 본문이 여기 나옵니다.

하나님이 교회 중에 몇을 세우셨으니 첫째는 사도요 둘째는 선지자요 셋째는 교사요 그 다음은 능력을 행하는 자요 그 다음은 병 고치는 은사와 서로 돕는 것과 다스리는 것과 각종 방언을 말하는 것이라 다 사도이겠느냐 다 선지자이겠느냐 다 교사이겠느냐 다 능

력을 행하는 자이겠느냐 다 병 고치는 은사를 가진 자이겠느냐 다
방언을 말하는 자이겠느냐 다 통역하는 자이겠느냐 (고전 12:28-30)

모두에게 같은 은사를 주지 않았다, 모두가 같은 조건 속에 있지 않
다, 그러나 괜찮다, 자기의 조건과 은사가 교회와 모두에게 유익이
되게 하라, 그리고 너 자신에게 유익이 되라, 이런 이야기입니다. 그
런 후에 31절로 이끌어 갑니다. '너희는 더욱 큰 은사를 사모하라.'
여기서 '더욱 큰 은사'란 더 큰 능력을 말하지 않습니다. 서로에게
더욱 덕을 세우라는 뜻입니다. 이어 '내가 또한 가장 좋은 길을 너
희에게 보이리라'라고 한 후에 사랑이 무엇인가를 소개합니다.

　고린도전서 13장은 '사랑은 이런 것이 아니다' 하는 방식으로 사
랑을 정의합니다. 천사의 말을 하는 것이 사랑이 아니다, 사랑은 환
상이 아니다, 여기에 이렇게 덧붙이고 싶습니다. 봉사도 환상이 아
니다, 믿음도 환상이 아니다, 그러니 잘난 척하지 마라, 교만하지 마
라. 또 사랑은 능력이 아니라고 합니다. 산을 옮기는 능력도 사랑이
아니다, 쓸모 있어야만 유익한 것이 아니다, 네 몸을 불사르게 내어
준다고 해서 그것이 사랑은 아니다, 정열이 사랑은 아니다, 담담하
게 지켜 내는 것이 사랑이다, 라고 이야기할 수 있을 것입니다.

　은사를 생각할 때 잊지 않아야 할 점은 하나님이 나 같은 사람도
부르셨고, 이런 나를 통해 일하신다는 사실입니다. 자기 존재와 한
계를 알아 마땅히 생각할 그 이상을 생각하지 않으며, 이 모든 것이
하나님의 손에 달려 있다고 믿음으로 자기 자신을 붙잡아야 합니
다. 그렇게 하지 않으면 우리가 원하는 다른 지위나 더 나은 조건에
처해지더라도 우리 신앙은 나아진 게 없을 것입니다. 인생을 살아

보면, 열등하고 못나서 불행해지는 것이 아니라 은혜를 깨닫지 못해서 불행해진다는 것을 알게 됩니다. 하나님이 함께하시지 않으면 성공도 우리를 넘어뜨리는 올무가 됩니다. 살면서 얼마든지 보았을 것입니다.

그러므로 우리는 각자 처한 조건을 한계가 아닌 특권으로 이해해야 합니다. 모든 일에서 그렇게 생각해야 합니다. 타인의 부러움을 사는 저 사람이 하나님의 능력과 은혜 아래 있는 것같이, 항복하기 싫은 조건에 처한 나도 하나님이 만들고 섭리하셨고 나를 위하여 그 아들을 보내셨다는 것을 받아들여야 합니다. 나라는 존재가 실재한다, 그러니 나는 내가 할 수 있는 일을 하리라, 이렇게 마음먹어야 합니다. 이것이 본문 말씀이 하려는 이야기입니다.

선택받은 특권을 누리는 삶

우리는 모두 구체적 인생으로 부름을 받았습니다. 왜 우리가 고난 속을 걸어가야 하는지에 대해서는 나중에 자세히 다루겠습니다. 분명한 것은, 우리의 영광은 다만 고난을 극복하는 데에 있거나 고난이 없는 무사태평한 삶에 있는 것이 아니라는 사실입니다. 우리의 영광은 고난으로도 막을 수 없는 것임을 알게 됩니다. 우리에게는 외부에서 오는 고난만이 아니라 자신의 한계로 말미암은 고난도 있습니다. 그러나 우리의 못난 것도 결국 우리를 유익하게 할 것입니다. 영광을 만들어 낼 것입니다.

이 영광은 명분이나 도덕성이라는 차원에서가 아니라 하나님의 자녀로서 갖는 자유입니다. 죄에 굴복하지 않고 영을 따르는 삶을 선택하는 자유입니다. 하나님이 보이신 생명의 길과 하나님 없이 세상의 시험과 위협 아래 걸어가는 길 중에 생명의 길을 선택할 수 있게 됩니다.

예수님은 패배하셨습니다. 그러나 실제로는 그분이 승리하셨습니다. 하나님의 뜻을 따라 기꺼이 죽음의 자리에 자신을 내어놓아 세상은 예수가 졌다고 판정을 내렸으나 사실은 세상이 진 것이었습니다. '예수를 믿는다'는 고백 속에 예수님도 지는 인생을 사셨다는 사실을 수긍하지 못하면 우리는 절대 져 주지 못합니다. 그러면 세상 사람보다 더 악착스러워집니다. 세상 사람들이 하는 비난을 들어보십시오. "저것들은 예수 믿어서 돈도 벌고 지위도 가졌는데, 게다가 죽으면 천국까지 간대." 우리가 가진 믿음이 가난하다면 이 욕을 먹게 될 것입니다. 그런 사람이 되지 마십시오. 우리가 가진 믿음이 얼마나 부요한지를 깨달으십시오.

우리만이 져 줄 수 있는 유일한 존재입니다. 그리고 마침내 이 패배 속에서 부활 승리를 만들어 낼 수 있는 사람도 우리뿐입니다. 이 사실을 인정하지 않으면 세상이 행하는 모든 야비함과 더러움을 기독교라는 명분으로 가장한 채 똑같이 추구하게 됩니다. 그러면 누구에게 고난이 닥칠까요? 신자의 영혼과 인격에 고난이 닥칩니다. 자기 안에서 영광을 찾을 수 없으며 감사가 나올 수 없습니다. 에베소서 4장을 봅시다.

그런즉 거짓을 버리고 각각 그 이웃과 더불어 참된 것을 말하라 이는 우리가 서로 지체가 됨이라 분을 내어도 죄를 짓지 말며 해가 지도록 분을 품지 말고 마귀에게 틈을 주지 말라 도둑질하는 자는 다시 도둑질하지 말고 돌이켜 가난한 자에게 구제할 수 있도록 자기 손으로 수고하여 선한 일을 하라 무릇 더러운 말은 너희 입 밖에도 내지 말고 오직 덕을 세우는 데 소용되는 대로 선한 말을 하여 듣는 자들에게 은혜를 끼치게 하라 (엡 4:25-29)

도둑질하지 말라는 명령에는 무엇이 전제되어 있습니까? 우리는 이웃의 것을 빼앗아 스스로 필요를 채워야 할 만큼 하나님이 그렇게 내버려 두시는 존재가 아니라는 뜻입니다. 우리의 필요는 하나님이 채워 주신다, 그러니 필요한 것을 이웃에게서 빼앗아 올 필요가 없다, 더러운 말이나 악의에 찬 말을 하지 마라, 덕을 세우며 살아라, 은혜를 끼쳐라, 너는 가진 자다, 라는 이야기입니다.

용서하는 자로 살고 은혜를 베풀고 감사하는 자로 살아가십시오. 윤리를 말하는 것이 아닙니다. 구원받은 하나님의 백성이 된 특권으로 우리만이 갈 수 있는 명예로운 길을 말하는 것입니다. 그 복된 인생을 사는 우리가 되기를 바랍니다.

질문하기

1.

세상이 "너, 이겨야 해"라고 우리를 속일 때, 성경은 무엇이라고 말합니까?

2.

은사를 생각할 때 잊지 않아야 할 점은 무엇입니까?

3.

우리만이 질 수 있으며 패배 속에서도 부활 승리를 만들어 낼 수 있다는 사실을 인정하지 않으면 어떻게 됩니까?

나누기

신앙을 갖기 전에는 결코 하지 않았을 일을 신자이기에 하게 된 경험이 있다면 서로 나누어 봅시다.

인생,
네 배역을 해라

14 너희를 박해하는 자를 축복하라 축복하고 저주하지 말라 15 즐거워하는 자들과 함께 즐거워하고 우는 자들과 함께 울라 16 서로 마음을 같이하며 높은 데 마음을 두지 말고 도리어 낮은 데 처하며 스스로 지혜 있는 체 하지 말라 17 아무에게도 악을 악으로 갚지 말고 모든 사람 앞에서 선한 일을 도모하라 18 할 수 있거든 너희로서는 모든 사람과 더불어 화목하라 19 내 사랑하는 자들아 너희가 친히 원수를 갚지 말고 하나님의 진노하심에 맡기라 기록되었으되 원수 갚는 것이 내게 있으니 내가 갚으리라고 주께서 말씀하시니라 20 네 원수가 주리거든 먹이고 목마르거든 마시게 하라 그리함으로 네가 숯불을 그 머리에 쌓아 놓으리라 21 악에게 지지 말고 선으로 악을 이기라 (롬 12:14-21)

웃을 수 있는 신앙

본문은 저주하지 마라, 원수를 갚지 마라, 악을 악으로 갚지 마라, 남에게 보복하려고 네가 맡은 명예로운 길을 포기하지 마라, 악에게 지지 말고 선으로 악을 이기라, 이렇게 권면하고 있습니다.

본문이 권면하는 이런 경지까지 이르려면 우선 좋은 표정을 지을 수 있어야 합니다. 좋은 표정을 짓는 일은 우리가 어떤 인생을 허락받았으며, 부름받은 우리 역할이 무엇인지 알게 될 때 할 수 있습니다. 우리는 원수를 해치워 없애는 방법으로는 승리할 수 없는 길에 들어선 사람들입니다. 악을 악으로 갚지 않는 길로 부름을 받았습니다. 더 큰 악으로 갚아 주지 못해 억울한 생각이 듭니까? 이 억울함이 없다면, 우리 인생은 그저 등 따뜻하고 배부른 것으로 만족하고 끝날 것입니다.

하나님은 우리를 그렇게 놔두지 않겠다고 하십니다. 우리의 소원처럼 우리 인생이 다만 만사형통으로, 자존심 세우는 것이 전부인 삶으로 끝나게 하지 않겠다는 것이 하나님의 의지입니다. 이것이 구원입니다. 너희가 거짓된 인생을 살도록 놔두지 않겠다, 나는 너희를 일회용 소모품 정도로 만들지 않았다, 너는 내 창조물이다, 내가 하나님인 것같이 너희는 내 자녀라는 영광을 누려라, 이렇게 우리를 뚫고 들어오시는 것입니다. 이것이 예수입니다.

인생 말년에 어떤 태도를 보이느냐에 따라 두 부류로 나눠 볼 수 있습니다. 원망하고 분노하는 사람과 감사하고 기뻐하는 사람입니다. 감사하고 기뻐하는 인생은 기독교만이 만들 수 있습니다. 예수 믿지 않는 인생은 원망 밖에 남는 것이 없기 때문입니다. 그런 인생에서는 잘한 것도 저주일 수 있고, 성공한 것도 형벌일 수 있습니다. 돌아보니 아무것도 남은 것이 없어 나이 든 얼굴에 노기만 가득합니다. 이는 잘못 산 인생입니다.

억지로 무엇을 하라는 이야기가 아닙니다. 돌아보면 하나님이 우리 인생 전체에 복을 주셨다는 사실을 알게 됩니다. 우리의 약함, 무지, 그 모든 실수가 오늘의 나를 만들며 그 속에서 하나님이 당신의 영광을 구체적으로 드러내셨다는 사실에 놀라게 됩니다. 이것이 예수 믿는 사람만이 웃을 수 있는 이유입니다.

모든 사람들과 더불어

가졌다고 넉넉하지 않습니다. 십계명이나 에베소서에서 본 것처럼 도둑질하지 말라는 명령은 다만 윤리의 문제가 아닙니다. 네 필요를 네 옆 사람의 것을 훔쳐 채울 필요가 없다는 뜻이라고 했습니다. 우리의 필요는 하나님만이 채워 주실 수 있습니다. 하나님만이 주실 수 있는 것을 하나님에게서 받지 못하면, 거짓말하고 도둑질하고 살인할 수밖에 없습니다. 그렇게 한다고 해서 무엇이 채워지는 것도 아닙니다. 그래서 악을 악으로 갚지 마라, 너는 그렇게 살 필요가 없다, 너는 네 길을 가라, 선으로 악을 이겨라, 이렇게 말씀하는 것입니다. 세상의 위협과 시험 앞에서 분명하게 확인하십시오. 우리가 몸담고 있는 아무것도 아닌 조건 속에서 어떤 명예와 영광과 위대함이 드러나는지 지켜보십시오.

성경이 성령의 열매로 소개한 덕목은 전부 성품에 관한 것입니다. 사랑과 희락과 화평과 오래 참음과 자비와 양선과 충성과 온유와 절제, 이런 열매는 나쁜 조건 속에 놓일 때 더 빛이 납니다. 모든 것을 다 갖춘 좋은 환경에서보다 열악한 환경에서 결실해 낼 때 더 값집니다. 우리에게는 조건이 중요하지 않습니다. 좋은 조건이랄 것도, 부족한 조건이랄 것도 없습니다.

로마서 12장 15절로 와서 "즐거워하는 자들과 함께 즐거워하고 우는 자들과 함께 울라"라는 말씀을 생각해 봅시다. 우리에게 속상한 일이 있다고 해서 아무 잘못 없이 웃고 있는 옆 사람에게 "지금 이 상황에서 웃음이 나와?"라고 하지 말라는 말씀입니다. 그 사람에게는 웃을 이유가 있을 것입니다. 상대방과 공감해 주고, 그의 지위와 형편을 용납해 주십시오. 모든 기준을 자기 자신에게 두어 이 나라에 태어난 것이 싫고 지금 일어나는 이 사건도 싫고 내가 처한 형편도 싫다고 무엇에든 분노하고 원망하느라 자기 삶을 살아 내지 못하는 시험에서 벗어나라고 합니다. 저 사람은 왜 저렇게 싱글 벙글할까요? 좋은 일이 있어서일 것입니다. 그러면 함께 웃어 주십시오. 저 사람은 왜 울까요? 슬픈 일이 있어서일 것입니다. 그러면 함께 울어 주십시오.

그래서 16절에 "서로 마음을 같이하며 높은 데 마음을 두지 말고 도리어 낮은 데 처하며 스스로 지혜 있는 체 하지 말라"라는 말씀이 나오는 것입니다. 너는 작가가 아니다, 너는 배우다, 그러니 네 역할에 충실해라, 이런 말씀입니다. 배우가 연기하다 말고 감독에게 와서 "아니, 이렇게 하다가 어떻게 끝내려고 그러세요?"라고 말할 수는 없는 법입니다.

작가는 하나님이십니다. 그는 전능하시며 거룩하시며 자비와 긍휼이 풍성하시고 우리를 사랑하시는 우리 아버지이십니다. 그러니 겁낼 것 없습니다. 겁내는 것은 신앙이 없기 때문입니다. 물론 이런 신앙은 단번에 생기지 않습니다. 그래서 목표로 삼고 새겨 두어야 합니다. 이런 권면이 나오게 된 전제를 모르면, 권면은 다만 매뉴얼에 불과하게 됩니다. 자꾸 상대방더러 "주일도 안 지키고 뭐해?"라고 지적하게 됩니다. 얼굴에 웃음이 사라집니다. 그래서는 안 됩니다. 기독교 신앙이 어떤 전제 위에서 이런 권면을 하는지 깊이 생각하지 못하면, 신앙은 현실에서 힘을 쓰지 못합니다. "아무에게도 악을 악으로 갚지 말고 모든 사람 앞에서 선한 일을 도모하라 할 수 있거든 너희로서는 모든 사람과 더불어 화목하라." 이 말씀대로 살려고 노력하십시오.

선으로 악을 이기라

그러니 자기 인생을 실제로 살아 내지 않는 것은 주제넘은 짓입니다. 예수를 믿는 것이 무엇인지 알아야 합니다. 12장 19절에는 "내 사랑하는 자들아 너희가 친히 원수를 갚지 말고 하나님의 진노하심에 맡기라 기록되었으되 원수 갚는 것이 내게 있으니 내가 갚으리라고 주께서 말씀하시니라"라는 권면이 등장합니다. 모든 결과는 하나님이 이루실 것입니다. 잘잘못의 차원을 넘어서 있는, 하나님의 구원과 기적과 은혜와 긍휼의 대단원의 막이 내려질 때가 올 것입니다.

20절 이하에서는 "네 원수가 주리거든 먹이고 목마르거든 마시게 하라 그리함으로 네가 숯불을 그 머리에 쌓아 놓으리라 악에게 지지 말고 선으로 악을 이기라"라고 하십니다. 악에게 지지 마라, 악한 일에 시험받아 네 역할을 집어던지고 뛰어들어가 보복하려 들지 마라, 네 인생을 그런 식으로 포기하지 말라는 것입니다. 빌립보서 2장에 가면 이런 가르침이 등장합니다.

> 그러므로 나의 사랑하는 자들아 너희가 나 있을 때뿐 아니라 더욱 지금 나 없을 때에도 항상 복종하여 두렵고 떨림으로 너희 구원을 이루라 너희 안에서 행하시는 이는 하나님이시니 자기의 기쁘신 뜻을 위하여 너희에게 소원을 두고 행하게 하시나니 모든 일을 원망과 시비가 없이 하라 (빌 2:12-14)

모든 일을 원망과 시비가 없이 하라, 하나님의 진심을 가볍게 생각하지 마라, 하나님의 지혜와 능력을 인정하라, 하나님의 성실하심을 놓치지 마라, 힘들 것 같으냐, 잘못될 것 같으냐, 어떤 조건이 부족해 보이느냐, 하나님이 예수를 보냈다는 사실을 잊지 마라, 이것이 '두렵고 떨림으로'라는 구절에 담긴 의미입니다. 공포를 이야기하는 것이 아닙니다. 하나님의 구원이 얼마나 굉장한 것인지 아느냐, 그러니 네 삶을 잘 살아 내라, 너를 위하여 온 세상과 역사가 있다, 잘 살아 내라, 네 옆에 있는 이웃도 그렇다, 그러니 서로 사랑하며 살라, 라고 하는 것입니다. 이어서 빌립보서 말씀을 더 보겠습니다.

> 이는 너희가 흠이 없고 순전하여 어그러지고 거스르는 세대 가운데서 하나님의 흠 없는 자녀로 세상에서 그들 가운데 빛들로 나타내며 생명의 말씀을 밝혀 나의 달음질이 헛되지 아니하고 수고도 헛되지 아니함으로 그리스도의 날에 내가 자랑할 것이 있게 하려 함이라 (빌 2:15-16)

이 말씀을 보니 아브라함이 떠올랐습니다. '내가 너로 큰 민족을 이루고 네게 복을 주어 네 이름을 창대하게 하리니 너는 복이 될지라 너를 축복하는 자에게는 내가 복을 내리고 너를 저주하는 자에게는 내가 저주하리니 땅의 모든 족속이 너로 말미암아 복을 얻을 것이라.' 아브라함은 이 약속을 붙들고 나그네 인생을 삽니다. 나그네로 떠돌며 살지만 복됩니다. 그가 걷는 길이 복이고, 그를 만나는 사람들에게 복으로 서 있습니다. 그와 사귀는 것이 복입니다. 그의 존재가 복이기 때문입니다. 지금 빌립보서는 이 이야기를 하는 것입니다.

우리는 세상의 빛입니다. 우리를 축복하는 자를 하나님이 복 주시고 우리를 저주하는 자를 하나님이 저주하실 것입니다. 우리를 외면하는 것이 그들에게는 벌입니다. 그들이 우리를 보고 놀랄 것입니다. 그렇게 우리는 우리 안에 있는 복을 나누어 주어야 합니다.

우리는 예수님이 오신 것같이 감추어져 있습니다. 세상이 주장하는 가치나 모양으로 장식되어 있지 않고 감추어져 있습니다. 그러나 빛을 가둘 수는 없듯이 거스르는 이 세대와 어두운 세상 속에서 우리는 한 줄기 빛으로 세상을 비추며 누비고 살아가게 될 것입니다. 아브라함같이 말입니다. 이는 아브라함만의 이야기가 아닙니다. 바로 우리 이야기입니다. 그 복된 인생을 사는 것입니다.

그 인생을 사는 우리에게 악을 악으로 갚지 마라, 악에게 지지 말고 선으로 악을 이겨라, 너는 영광된 길을 걸어라, 명예로운 길을 택하라, 악역을 맡지 마라, 그들과 싸우느라 네 길을 망치지 말고 영화로운 길을 걸어라, 너는 충분히 가진 자다, 예수가 널 위해 죽었다, 라고 하십니다. 이 말씀에 아멘으로 반응하고 결심하기 바랍니다.

질문하기

1.

우리는 언제 좋은 표정을 지으며 선으로 악을 이기는 삶을 살
수 있습니까?

2.

로마서 12장 16절의 "서로 마음을 같이하며 높은 데 마음을 두
지 말고 도리어 낮은 데 처하며 스스로 지혜 있는 체 하지 말
라"라는 말씀은 무슨 뜻입니까?

3.

빌립보서 2장의 '두렵고 떨림으로 구원을 이루라'는 명령은 무
슨 뜻입니까?

나누기

각자에게 주어진 배역을 어떻게 하면 잘 감당할 수 있을지 함께
나누어 봅시다.

05

권세,
본문이 펼쳐지는
무대

1 각 사람은 위에 있는 권세들에게 복종하라 권세는 하나님으로부터 나지 않음이 없나니 모든 권세는 다 하나님께서 정하신 바라 **2** 그러므로 권세를 거스르는 자는 하나님의 명을 거스름이니 거스르는 자들은 심판을 자취하리라 **3** 다스리는 자들은 선한 일에 대하여 두려움이 되지 않고 악한 일에 대하여 되나니 네가 권세를 두려워하지 아니하려느냐 선을 행하라 그리하면 그에게 칭찬을 받으리라 **4** 그는 하나님의 사역자가 되어 네게 선을 베푸는 자니라 그러나 네가 악을 행하거든 두려워하라 그가 공연히 칼을 가지지 아니하였으니 곧 하나님의 사역자가 되어 악을 행하는 자에게 진노하심을 따라 보응하는 자니라 **5** 그러므로 복종하지 아니할 수 없으니 진노 때문에 할 것이 아니라 양심을 따라 할 것이라 (롬 13:1-5)

때가 차매

로마서 13장은 '각 사람은 위에 있는 권세들에게 복종하라'라는 말씀으로 시작합니다. 권세는 하나님으로부터 난 것이고, 모든 권세는 하나님이 정하신 것이기 때문에 복종하라는 것입니다.

이 말씀은 자주 오해되곤 하였습니다. 교회사를 보면, '승자가 진리다', '승리는 하나님이 주시는 것이다'라는 주장이 끊임없이 제기되어 왔는데, 바로 이 말씀이 근거 구절로 사용되었습니다. 하지만 이 말씀은 '악에게 지지 말고 선으로 악을 이기라'는 구절에 이어서 등장한 것임을 기억해야 합니다. 선을 어떻게 구체적으로 행할 것인가 하는 맥락에서 '권세들에게 복종하라'는 말씀이 등장한 것입니다.

통치자가 국민을 위해 존재해야 하는 것은 누구나 알지만, 인류 역사에서 국민을 위해 존재했던 통치자는 별로 없었습니다. 정권을 뒤집어엎는다고 해도 더 나은 통치자가 세워지지 않았습니다. 새로 정권을 잡은 자들이 기존 정권처럼 다시 국민을 핍박하는 일이 역사에 늘 반복되어 왔습니다. 이런 역사의 현실을 보면서 우리는 이런 질문을 던지게 됩니다. 승자가 정의가 아니고 권력이 정의가 아니라면, 권세나 통치권은 무엇을 위해 있는 것일까요?

성경은 권세에 대한 문제를 '선을 어떻게 행할 것인가' 하는 차원에서, 즉 선을 구체적으로 적용하는 일환에서 소개하고 있습니다. 이런 맥락을 염두에 둔 채 다른 본문을 찾아보겠습니다. 갈라디아서 4장입니다. 사도 바울은 예수의 성육신에 대해 뜻밖의 관점을 가지고 서술합니다.

> 때가 차매 하나님이 그 아들을 보내사 여자에게서 나게 하시고 율법 아래에 나게 하신 것은 (갈 4:4)

'때가 차매'란 무슨 의미일까요? 전후(前後)가 있고 선후(先後)가 있다는 것입니다. 이것을 '문맥'이라고 합니다. 밑도 끝도 없이 '그가 웃었다'라는 문장 하나만 달랑 있으면 알아들을 수 없습니다. 웃는 얼굴을 그릴 때는 눈은 반달처럼 둥그렇게, 입은 입꼬리가 부드럽게 말아 올라가게 그리면 그만입니다. 그러나 글 속에서 '웃었다'라는 단어는 다양한 어감으로 쓰입니다. '웃었다'라고 하면 기뻐하는 모습이 가장 먼저 연상됩니다. 그런데 상황에 따라서는 어처구니없는 상황에 빠져 피식거리는 모습이나 비아냥대는 조소를 의미하기도 합니다. 이처럼 문맥이 있어야 의미를 정확히 파악할 수 있습니다.

이와 같이 예수의 성육신도 구약 역사를 염두에 두어야 그 의미가 분명해집니다. 예수의 성육신은 하나님이 이스라엘에게 하신 약속의 성취인 것입니다. 문맥이 없이 그저 '예수가 오셨다'라고만 하면 이 말에 담긴 의미가 어떤 것인지 제대로 이해하기 어렵습니다.

사건의 맥락을 형성하는 것은 시간의 전후 관계뿐만 아니라 공간적 틀도 포함됩니다. 공간적 틀이란 무대나 그릇에 비유할 수 있는데, 구조, 체제, 조직, 관계 같은 것이 여기에 속합니다. 바로 이런 것이 로마서 13장에서 말하는 '권세'입니다. 그래서 '권세는 하나님으로부터 나지 않음이 없으며 모든 권세는 다 하나님께서 정하신 바라'라는 말은, 모든 컨텍스트는 내가 정했다, 그러니 이 안에서 너희가 텍스트를 담아내라, 라는 말씀입니다.

컨텍스트

'컨텍스트(context)'라는 말은 여러 학문 분야에서 사용해 온 전문용어입니다. 본 강해에서는 이 용어에 좀 다른 의미를 담아 사용하고자 하는데, 이는 기존의 의미만으로는 성경에서 말하고자 하는 바를 다 담을 수 없어서 그렇습니다. 제가 말하는 컨텍스트는 문맥일 뿐만 아니라 그릇이기도 하고 무대이기도 합니다.

예수께서 공생애를 시작하실 때 광야에서 마귀에게 시험을 받으셨습니다. 돌들을 명하여 떡덩이가 되게 하라, 성전에서 뛰어내려 보아라, 내게 절하라와 같은 시험이었는데, 여기에는 공통점이 있습니다. 이 시험들은 모두 '컨텍스트 속으로 들어오지 말고 컨텍스트 밖으로 나가라'는 요구입니다. 이 요구에 대해 '그리하지 않겠다'는 것이 예수의 대답입니다. 마귀는 지금 예수의 성육신을 무위(無爲)로 돌리고자 합니다. 컨텍스트 밖으로 나가라, 이는 한계와 제한을 벗어던지라는 유혹인 것입니다. 성육신이란 무한(無限)이 유한(有限) 곧 제한된 컨텍스트 속에 들어온 것입니다.

우리는 로마서 12장에서 '너희 몸을 하나님이 기뻐하시는 거룩한 산 제물로 드리라'라는 말씀에서 출발한 권면 즉 '신앙을 구체적이고 현실적인 삶으로 살아 내라'는 권면을 받았습니다. '산 제물'은 '삶으로 드리는 제사'를 의미한다고 했습니다.

반면 우리는 삶으로 드리기보다는 삶에 종교적 색채를 입히는 것을 목표로 삼을 때가 많습니다. 기도, 성경 읽기, 주일 성수와 같은 몇 가지 실천 항목으로 신앙을 축소하여 이해하려 할 뿐, 삶, 일상, 하루, 실존 전체를 바치는 일은 잘 모릅니다. 교회 행사에 열심히 참여할 때는 신앙이 좋아진 것 같은 느낌이 들지만, 막상 교회 밖을 벗어나면 믿음을 어떻게 구현해 낼지 몰라서 막막해합니다. 그래서 더 많은 시간을 종교 행위에 할애해야 신앙이 좋아질 것이라고 생각합니다.

이에 대해 성경은 그렇지 않다고 이야기합니다. 삶 전체를 하나님에게 드려야 하는 것이지, 특정한 임무가 삶을 대신하는 것은 아니라고 합니다. 성경은 우리가 하찮게 여기는 삶이라는 컨텍스트에 우리가 믿고 고백한 텍스트를 담아 구체적 신앙을 살아 내라고 합니다. 예수 그리스도의 성육신이 그랬던 것처럼 말입니다.

그러기 위해서는 무엇을 하라고 합니까? 세상을 본받지 말고 하나님이 기뻐하시는 뜻이 무엇인지 분별하라고 합니다. 컨텍스트를 개조하고 개선해야 텍스트가 빛나는 것이 아닙니다. 컨텍스트는 그릇일 뿐, 그 안에 담긴 내용이 중요합니다. 내용은 우리입니다.

우리의 무엇이 내용일까요? 예수 그리스도로 말미암은 새 생명, 이제 알게 된 진리, 예수 안에 있는 자유가 그 내용입니다. 이제 12장 3절의 '마땅히 생각할 그 이상의 생각을 품지 말고 오직 하나님께서 각 사람에게 나누어 주신 믿음의 분량대로 지혜롭게 생각하라'라는 말씀의 의미가 드러납니다. 네가 한계 속에 있다는 것을 알라, 네가 작가가 아니라는 것을 인정하라, 너는 역할을 맡은 배우다, 너는 네 길을 다 알 수 없을 것이다, 하지만 네 앞에 분명하게 주어진 네 길을 걸어라, 네 자리를 지키고 네 삶을 살아라, 그 삶은 단지 한계와 제한에 불과한 것이 아니다, 거기에서 구체적 삶이 빚어진다, 라는 것입니다.

각 개인이 겪는 이런 일들은 어디에서 벌어질까요? 우리가 태어나서 맞이하는 사회, 우리가 선택하지 않은 시대, 우리가 원하지 않은 관계와 지위 속에서 일어납니다. 우리가 속해 있는 이 컨텍스트에서 말입니다. 우리 삶을 형성하는 정치, 경제, 사회, 문화 같은 것은 그 자체로 정의나 진리의 근거가 되지 않습니다. 단지 하나님이 우리를 담아내기 위하여 당신의 뜻을 나타내시고 그분의 지혜로 허락하시는 컨텍스트, 곧 무대일 뿐입니다.

깨어 있으라

물론 이 컨텍스트는 우리 마음에 들지 않을 때가 많습니다. 우리 마음에 들지 않는 역사와 과거, 이런 것들은 다 어떤 의미가 있을까요? 성경을 통해 이 부분을 조금 더 분명히 풀어 봅시다. 마태복음 24장입니다.

> 무화과나무의 비유를 배우라 그 가지가 연하여지고 잎사귀를 내면 여름이 가까운 줄을 아나니 이와 같이 너희도 이 모든 일을 보거든 인자가 가까이 곧 문 앞에 이른 줄 알라 내가 진실로 너희에게 말하노니 이 세대가 지나가기 전에 이 일이 다 일어나리라 천지는 없어질지언정 내 말은 없어지지 아니하리라 그러나 그 날과 그 때는 아무도 모르나니 하늘의 천사들도, 아들도 모르고 오직 아버지만 아시느니라 노아의 때와 같이 인자의 임함도 그러하리라 홍수 전에 노아가 방주에 들어가던 날까지 사람들이 먹고 마시고 장가 들고 시집 가고 있으면서 홍수가 나서 그들을 다 멸하기까지 깨닫지 못하였으니 인자의 임함도 이와 같으리라 그 때에 두 사람이 밭에 있으매 한 사람은 데려가고 한 사람은 버려둠을 당할 것이요 두 여자가 맷돌질을 하고 있으매 한 사람은 데려가고 한 사람은 버려둠을 당할 것이니라 그러므로 깨어 있으라 어느 날에 너희 주가 임할는지 너희가 알지 못함이니라 (마 24:32-42)

하나님이 우리를 데려가시는 그날까지 주님의 재림을 완성하거나 예비하는 컨텍스트는 없을 것이라고 말씀하는 본문입니다. 중요한 말씀입니다. 시집가고, 장가가고, 밭 갈고, 맷돌질하는, 아무것도 아닌 것 같은 이런 컨텍스트 속에서 하나님이 일하십니다. 그러다 때가 되면 이 컨텍스트를 끝내실 것입니다. 우리 눈에 역사는 반복되기만 할 뿐, 나아지는 것 없이 무심하게 흘러가는 것 같습니다. 그러나 그 속에서 하나님은 일하고 계십니다.

우리가 일을 잘하면 더 나은 세상이 되고 더 좋은 인간이 되고 인류와 역사가 발전하는 것이 아닙니다. 어떻게 이렇게 확실히 장담하는지 묻고 싶습니까? 아무리 예수를 잘 믿는 부모에게서도 자식은 여전히 죄인으로 태어나기 때문입니다. 부모보다 나은 아이가 태어나지 않습니다. 그 아이도 자기 인생에서 예수를 만나야 합니다. 그도 나중에 "결국 이것이었어"라고 깨닫게 되지만 그때는 이미 예순 일곱 정도 먹은 때일 것입니다. 그러니 우리 인생을 통하여, 그리고 인생 속에서 일하시는 하나님을 외면한 채 컨텍스트를 바꾸어 자기 혼자 편안하고자 하는 싸움을 해서는 안 됩니다. 우리 인생은 그런 식으로는 답을 얻지 못합니다.

그런데도 우리는 이것을 깨닫지 못하여 아직도 서로에게 고함만 지르고 있는 것은 아닌지 모르겠습니다. 깨어 있으라고 합니다. 무슨 말일까요? 깨어 있으라, 무엇이 텍스트인지 알라, 너희에게 주어진 컨텍스트와 텍스트를 혼동하지 마라, 컨텍스트 때문에 네가 못할 일은 하나도 없다, 네 인생은 컨텍스트만 고치려 들다가 끝날 인생이 아니다, 이런 이야기입니다. 이어서 에베소서 5장을 봅시다.

너희는 열매 없는 어둠의 일에 참여하지 말고 도리어 책망하라 그들이 은밀히 행하는 것들은 말하기도 부끄러운 것들이라 그러나 책망을 받는 모든 것은 빛으로 말미암아 드러나나니 드러나는 것마다 빛이니라 그러므로 이르시기를 잠자는 자여 깨어서 죽은 자들 가운데서 일어나라 그리스도께서 너에게 비추이시리라 하셨느니라 (엡 5:11-14)

깨어 있으라는 말씀이 여기에도 나옵니다. 깨어 있다는 것은 무엇이 텍스트인지 아는 것을 말합니다. 텍스트를 어디에 담는다고 했습니까? 컨텍스트에 담습니다. 컨텍스트를 무시하지 말고 컨텍스트를 텍스트와 혼동하지도 마십시오. 그래서 이런 권면이 나오는 것입니다.

그런즉 너희가 어떻게 행할지를 자세히 주의하여 지혜 없는 자 같이 하지 말고 오직 지혜 있는 자 같이 하여 세월을 아끼라 때가 악하니라 (엡 5:15-16)

세월을 아끼라고 합니다. 세월은 흘러가면 그것으로 끝이 아닙니다. 지나가는 세월은 흘려보내는 것이 아니라, 그릇에 무엇을 담듯이 채워 보내야 하는 것이라고 말씀하고 있습니다.

그러므로 어리석은 자가 되지 말고 오직 주의 뜻이 무엇인가 이해하라 술 취하지 말라 이는 방탕한 것이니 오직 성령으로 충만함을 받으라 (엡 5:17-18)

술 취하는 것은 그저 시간을 헛되이 흘려보내며 허송세월하는 행위를 대표합니다. 술 취하면 의식을 잃습니다. 필름이 끊긴다고들 합니다. 하나님은 우리더러 삶의 모든 순간에 정답만을 말하고 언제 어디서나 유능한 존재가 되라고 요구하지 않으십니다. 완벽한 사람이 되라는 것도 아닙니다. 모든 경우에 각자 실력으로 부딪쳐 살아 내십시오. 그리고 거기서 은혜를 받으십시오. 우리가 누구인지, 인간이란 어떤 존재인지, 하나님이 어떻게 일하시는지 깨닫게 될 것입니다. 하나님의 능력과 기적을 확인하게 될 것입니다. 이것이 신앙생활입니다.

우리에게 주어진 어떤 조건도 우리로 실패하게 하거나 절망하게 하여 우리를 끝장낼 수 없습니다. 그런 컨텍스트는 없습니다. 이런 우리의 복된 신분을 잊지 않는 신자가 되기 바랍니다.

질문하기

1.

로마서 13장의 '권세에 대한 복종' 문제는 어떤 맥락에서 등장한 것입니까?

2.

예수님은 광야에서 마귀에게 세 가지 시험을 받습니다. 이 시험들의 공통점은 무엇입니까?

3.

마태복음 24장의 '깨어 있으라'는 명령은 무슨 의미입니까?

나누기

컨텍스트와 텍스트를 혼동한 경험이 있다면 나누어 봅시다.

복종,
예수를 가진 자의
실력

5 그러므로 복종하지 아니할 수 없으니 진노 때문에 할 것이 아니라 양심을 따라 할 것이라 **6** 너희가 조세를 바치는 것도 이로 말미암음이라 그들이 하나님의 일꾼이 되어 바로 이 일에 항상 힘쓰느니라 **7** 모든 자에게 줄 것을 주되 조세를 받을 자에게 조세를 바치고 관세를 받을 자에게 관세를 바치고 두려워할 자를 두려워하며 존경할 자를 존경하라 (롬 13:5-7)

컨텍스트에 불과한 권세

로마서 13장은 하나님이 일하시는 무대를 소개하고 그 속에서 선을 행하라고 신자들에게 권면합니다. 이어 선을 실천하는 구체적 방법의 일환으로 여러 덕목들을 언급하는데, 1절에서는 '위에 있는 권세들에게 복종하라'라고 말씀합니다. 당시는 로마 황제의 횡포로 교회가 어려움을 겪던 시대라는 것을 기억할 필요가 있습니다. 바울이 로마에 보낸 편지를 처음 읽었던 신자들뿐만 아니라 이후 계속해서 로마서를 읽었던 많은 신자들도 세상 권력으로부터 박해를 당하던 사람들이었습니다. 이런 처지에 있는 이들에게 이 말씀이 주어진 것입니다.

1절의 '위에 있는 권세'란 컨텍스트를 가리킨다고 하였습니다. 원래 컨텍스트란 문맥, 정황을 지칭하는 말입니다. 여기에 배경, 무대, 틀, 그릇이라는 의미까지 담아 컨텍스트라는 단어를 사용하려고 합니다. 이 모든 의미를 포괄하는 적합한 우리말이 아직 떠오르지 않아서 그렇습니다. 이 단어를 사용하는 또 하나의 이유는 이와 대비되어 쓰이는 단어가 있기 때문입니다. 컨텍스트와 대비되어 쓰이는 단어는 '텍스트'입니다. 텍스트는 본문입니다.

1절이 말하는 '위에 있는 권세'란 우리가 지금 살고 있는 이 시대의 정치권력과 그것이 형성한 사회질서, 곧 컨텍스트를 의미합니다. 이해를 돕기 위해 '부모'라는 단어를 한번 떠올려 보겠습니다. '부모에게 복종하라'와 같은 권면에 반발하는 사람들은 그리 많지 않을 것입니다. 물론 부모가 항상 우리 마음에 드는 것은 아닙니다. 그러나 부모는 굉장히 큰 존재입니다. "우리 부모는 좋은 것도 많이 안 먹여 주고 공부도 제대로 안 시켜 줬는데"라며 수긍하고 싶어 하지 않을 수 있지만, 조금만 생각해 보면 부모가 있기에 지금 우리가 존재하는 것입니다. 우리가 지니고 태어난 조건들은 다 부모에게 물려받은 것들입니다. 이처럼 부모는 우리의 컨텍스트인 것입니다. 마찬가지로 우리가 속해 있는 시대의 정권과 사회질서도 컨텍스트입니다.

예수님이 공생애를 시작하실 때 광야에서 사탄에게 시험을 받으셨습니다. 사탄은 예수에게 천하만국을 보여 주며 자기에게 절하면 이 모든 것을 주겠다고 합니다. 예수님은 이 제안을 단호히 거부하시고 오직 여호와만 경배하고 다만 그를 섬길 것이라고 답하십니다.

사탄의 제안을 단호히 거절하신 예수님의 행동은 어떤 의미가 있을까요? 예수님은 컨텍스트 자체를 취하지 않으시고 컨텍스트 속으로 들어오셨다는 뜻입니다. 그 속에서 모두가 하나님을 경배하고 섬기도록 당신은 텍스트로 존재하기로 하신 것입니다. 사탄이 예수님에게 천하만국을 보여 주고 "이것 다 가져라. 대신 나한테 절해라"라고 시험하였으나, 예수님의 답변은 "나는 그렇게 할 수 없다. 나는 모두를 하나님 앞에 경배하게 하고 하나님만 섬기게 하려고 왔다. 그러나 나는 이 일을 세상을 쟁취해서 얻는 방법으로는 이루지 않을 것이다"라는 의미인 것입니다. 세상을 얻어야 뜻한 바를 이룰 수 있을 것이라는 사탄의 제안을 단호히 거부하신 것입니다. 세상을 취하지 않으시고 세상 속으로 들어오셨습니다. 이처럼 컨텍스트와 텍스트는 다릅니다. 그렇다면 이 둘은 어떻게 묶여 있는 것일까요. 이 관계는 이삭이라는 존재를 통해 잘 설명됩니다.

이삭, 없어도 되는 존재

이삭은 이스라엘 족장 중 한 명입니다. 구약에서 하나님은 당신을 아브라함의 하나님이자 이삭의 하나님, 야곱의 하나님이라고 선포하셨습니다. 아브라함의 하나님과 야곱의 하나님 하면 떠오르는 이미지가 있는데, 이삭의 하나님 하면 그 이미지가 잘 떠오르지 않습니다.

이삭이 누구입니까? 아브라함이 백 살에 얻은 자식입니다. 자식이 없던 아브라함에게 하나님이 아들을 약속하시자 이 말을 듣게 된 사라가 속으로 웃습니다. 하나님은 아브라함에게 "사라가 웃는구나. 그러나 내년 이맘때 사라가 네게 아들을 낳아 줄 것이다"라고 하십니다. 사라는 두려워서 "웃지 않았습니다"라고 부인합니다.

하나님은 "아니다, 네가 웃었다. 그러니 너는 자녀를 낳으면 이름을 이삭이라고 지어라"라고 하십니다. 히브리어로 이삭은 '웃음'이라는 뜻입니다. 이삭이라는 이름은 어머니를 당황스럽게 하는 이름이었을 것입니다. 아이를 낳을 수 없다고 생각하여 웃고 말았는데, 아이가 태어나 웃을 수 없는 집안에 웃음을 주었기 때문입니다.

창세기 22장에 가면 하나님이 아브라함에게 나타나 독자 이삭을 바치라고 하는 장면이 나옵니다. 그는 순종하여 이삭을 데리고 모리아 산으로 갑니다. 도중에 이삭이 "아버지, 불과 나무는 다 있는데 번제할 어린 양은 왜 가져가지 않으십니까?"라고 묻습니다. 이에 아브라함은 "번제할 어린 양은 하나님이 손수 준비하실 것이다"라고 답합니다. 사실 아브라함은 이삭을 잡을 작정입니다. 드디어 모리아 산에 올라가 단을 쌓고 장작도 쌓고 이삭을 묶어 칼로 찌르려 하는데, 여호와의 사자가 나타납니다. "아브라함아, 아브라함아, 이삭에게 손대지 말라, 네가 나를 경외하는 줄 이제야 알았다." 그래서 이삭은 목숨을 건집니다. 이 이야기의 결말을 알고 있는 우리는 아브라함에게 부활 신앙이 있어서 이삭을 바칠 수 있었다고 생각합니다. 그러나 이 부분은 좀 더 깊이 생각해 보아야 합니다.

하나님은 아브라함이 이삭을 낳기 전에 먼저 그의 이름을 바꾸어 주십니다. "아브람아, 이제부터 네 이름은 아브람이 아니고 아브라함이다." 아브라함은 '열국의 아비'라는 뜻입니다. 모든 족속이 너로 말미암아 복을 받을 것이다, 네 자손이 하늘의 별 같고 바다의 모래 같으리라, 그러니 네 이름은 이제부터 아브라함이라, 라는 약속인 것입니다. 자식 하나 없고 시간이 지나도 자식은 생길 것 같지 않은 아흔아홉 살의 아브람에게 말입니다.

그런 아브라함이 언제 이삭을 낳습니까? 낳을 수 없는 나이가 되어서 낳습니다. 왜 자녀를 낳을 수 없는 나이가 돼서야 이삭을 주셨을까요? 이삭은 아브라함이 만든 자식이 아니라는 것을 알려 주시기 위해서입니다. 그러면 그런 자식을 왜 주셨을까요? 아브라함이 만들 수 없는 것, 즉 하나님이 만드시는 후손이 하늘의 별 같고 바다의 모래 같게 하시기 위해서입니다.

여기서 의문이 듭니다. 이삭 없이 그냥 하나님이 다 하시면 될 것 아닙니까. 그러나 그렇게 해서는 구체화되지 않습니다. 이삭은 하나님이 하시는 일을 구체화하기 위해서 주신 아들입니다. 그는 아브라함의 자손이 생물학적 방식으로 번성하는 것이 아님을 보여 주는 존재입니다. 이삭은 아브라함이 만든 존재가 아니라 하나님의 신실한 약속과 의지로 만들어진 존재입니다. 이제 이후의 자손들도 같은 방식으로 하늘의 별 같고 바다의 모래와 같이 번성할 것입니다.

이처럼 어렵게 얻은 아들인데, 기가 막힌 일이 아브라함에게 일어납니다. 하나님이 이삭을 잡으라고 하신 것입니다. "잡아라. 이 자식은 없어도 되는 존재다." 드디어 아브라함이 하나님의 의도를 깨달은 것 같습니다. 그래서 잡습니다. 이삭은 원래 없어도 되는 존재인 것을 이제 깨닫게 된 것입니다.

이삭은 이삭이라는 존재로서가 아니라, 없어도 되는 존재의 현현(顯現)이자 텍스트를 담고 있는 자로 서 있습니다. 텍스트만 있고 컨텍스트가 없으면 텍스트가 담길 데가 없습니다. 이삭은 하나님의 일하심을 담고 있는 컨텍스트, 그릇으로 서 있습니다.

어떤 컨텍스트라도 괜찮다

우리가 사는 시대, 그것을 이루는 구조, 질서, 조직은 컨텍스트이며 그 속에 텍스트가 담긴다고 앞서 언급하였습니다. 우리가 가진 조건, 환경, 정황, 수준, 이 모든 것이 그릇이고, 하나님은 거기에 텍스트를 담으십니다. 우리 각자에게 주어진 독특한 정황 속에서 텍스트를 담고 살아 내라고 하십니다. 저마다 독특하고 고유한 컨텍스트를 감당하라는 것입니다.

사실 컨텍스트는 아무래도 좋습니다. 아무래도 좋다는 것은 컨텍스트가 우리에게 무작위로 주어지기 때문이 아닙니다. 하나님이 각 사람에게 허락한 지위는 하나님의 지혜로 마련된 유일하고 특별한 자리이기 때문입니다. 우리 각자가 어떤 자리에 있든 하나님은 텍스트를 담으실 수 있습니다. 그 텍스트는 바로 예수입니다.

세상은 텍스트를 가지지 못합니다. 더 나은 사회를 만들자, 더 나은 국가를 만들자와 같은 구호에서 보듯 컨텍스트의 개선만을 목적으로 삼습니다. 이렇게 텍스트를 가지지 못한 세상에서, 단지 분노하고 비난하고 보복하는 것밖에는 할 수 있는 것이 없는 세상에서, 컨텍스트에 휘둘리지 않을 실력을 가진 사람은 오직 텍스트를 가진 이들뿐입니다. 어떤 컨텍스트에서도 하나님이 텍스트를 담아 내실 수 있다는 사실을 아는 신자들만이 말이 안 되는 불행과 위기와 의심을 견딜 수 있습니다.

철학은 살 것인가, 말 것인가 하는 고민을 규명할 과제가 주어져 있는 학문입니다. 그러나 그 질문에 대해 아직 답을 찾지 못하고 있습니다. 살아야 하는가, 죽어야 하는가에 대해 맹렬히 고민하고 있다고 언급하는 정도에 이르렀을 뿐 뾰족한 답을 내지는 못합니다.

답은 기독교 안에 있습니다. 인간은 하나님의 피조물이기 때문입니다. 인간은 하나님의 의지와 목적으로 완성되어야 하는 존재입니다. 인간은 우리가 생각하는 것보다 더 굉장한 존재입니다. 그래서 예수를 믿어야 합니다. 이것은 영광된 것이고 이 일은 이루어질 수밖에 없습니다. 창조의 하나님, 구원의 하나님이 예수 안에서 이루시는 영광을, 인간을 향한 목적으로 삼으셨기 때문입니다. 이 하나님이 우리 인생에 신비하게 간섭하실 것이기 때문입니다. 이것이 기독교가 가진 답, 복음입니다.

살 것인가, 죽을 것인가의 갈림길에서 살 이유를 찾지 못하면 죽는 편이 낫습니다. 사는 것은 고난의 연장이고, 모두에게 짐이 될 뿐이니 말입니다. 그러나 살아야겠다고 답을 찾았으면 살 이유를 발견해야 합니다. 그리고 발견한 그 이유, 살아가는 목적을 매일의 삶 속에서 채우며 그 길로 나아가야 합니다.

우리 삶의 목적은 컨텍스트를 개선하는 데에 있지 않습니다. 우리는 어떤 컨텍스트 속에서도 텍스트를 담아낼 수 있습니다. 하나님이 우리에게 텍스트를 담아내게 하시기 때문입니다. 그리하여 예수 그리스도가 보이셨듯이 죽음이 뒤집어지는 기적을 우리로 누리게 하시며, 하나님이 주실 궁극적 승리를 우리를 통하여 구현하십니다. 이것을 안다면 무서울 것이 없습니다.

컨텍스트가 훌륭해야 텍스트가 멋있어지는 것이 아님을 예수님은 비유로 말씀하셨습니다. 천국은 마치 밭에 감추어진 보화와 같다고 합니다. 지나가는 사람들은 밭 속에 파묻힌 것이 보물일 리 없다고 생각합니다. 밭에 버려져 있으니 그렇습니다. 그러나 그것은 분명히 보석입니다.

각자의 지위와 현실을 감수할 수 있어야 합니다. 그것으로 하나님이 일하신다는 것을 알지 못하면, 기독교라는 이름으로 고함밖에 지를 것이 없고 원망밖에 할 것이 없습니다. 그렇게 살지 마십시오. 우리가 얼마나 굉장한 시대와 굉장한 일에 묶여 있는지 깨달으십시오. 그 속에서 하나님이 구체적으로 일하시는 것을 경험하는 인생을 사십시오. 예수님은 사람들의 의심과 배신과 조롱과 헛된 기대 속에서 자신의 길을 걸어야 했습니다. 그러나 그 길은 인류 모두를 위해 궁극적 완성을 이루는 길이었습니다. 하나님이 우리도 그렇게 부르셨다는 사실을 알아 저마다의 자리에서 힘을 내는 인생과 존재가 되기를 바랍니다.

질문하기

1.

'위에 있는 권세' 곧 컨텍스트를 어떻게 이해할 수 있습니까?

2.

이삭은 어떤 존재입니까?

3.

우리 각자가 어떤 자리에 있든지 하나님이 넣으시는 공통된 텍스트는 무엇입니까?

나누기

자신의 인생이 예수께서 걸으셨던 길과 유사하다는 생각이 들 때는 언제입니까?

하루,
아무것도 아닌 그러나
위대한 지금

11 또한 너희가 이 시기를 알거니와 자다가 깰 때가 벌써 되었으니 이는 이제 우리의 구원이 처음 믿을 때보다 가까웠음이라 12 밤이 깊고 낮이 가까웠으니 그러므로 우리가 어둠의 일을 벗고 빛의 갑옷을 입자 13 낮에 와 같이 단정히 행하고 방탕하거나 술 취하지 말며 음란하거나 호색하지 말며 다투거나 시기하지 말고 14 오직 주 예수 그리스도로 옷 입고 정욕을 위하여 육신의 일을 도모하지 말라 (롬 13:11-14)

아무것도 아닌 존재로

로마서 13장은 하나님이 일하시는 무대 속에 우리가 놓여 있다는 사실을 말하고 있습니다. 1절에서는 '위에 있는 권세들에게 복종하라'고 합니다. 세상은 권력 싸움 말고는 목적과 의미를 부여할 데가 없습니다. 반면 우리는 하나님이 인류를 구원하여 복을 주려 하신다고 믿는 역사관을 지니고 있습니다. 그래서 로마서는 우리에게 이런 요구를 합니다. '너희가 속해 있는 정황 속에서 너희 역할과 자리를 지켜라.' 이어 5절과 6절에 나온 '조세를 바치라'는 요구도 이런 실천의 일환에서 등장한 권면인 것입니다.

로마서 13장은 컨텍스트를 두려워하지 말라는 이야기일 수도 있고, 컨텍스트를 텍스트로 오해하지 말라는 이야기일 수도 있습니다. 사실, 우리가 몸담고 있는 시대나 사회는 언제나 어렵습니다. 우리가 예수를 믿어 거룩한 목적을 부여받았다고 해서 하나님은 우리 조건을 개선해 주지는 않기 때문입니다. 우리는 하나님이 우리에게 거룩하고 중요한 사명을 맡기셨으면서도 현실에서는 이처럼 보잘 것없는 지위와 무력한 역할을 허락하신 이유가 잘 이해되지 않습니다. 이처럼 우리에게는 컨텍스트에 대한 불만이 늘 있습니다.

그러나 성경은 이런 우리에게 '자기를 부인하라'고 말씀합니다. 마태복음 16장 24절 말씀을 생각해 봅시다. '누구든지 나를 따라오려거든 자기를 부인하고 자기 십자가를 지고 나를 따를 것이니라.' 제자도에 대한 유명한 구절입니다. 자기를 부인한다는 것은 자기라는 존재와 자신의 가치를 부정하는 것입니다. 그러니 우리는 권력을 행사할 실력이 있고 자신을 증명해 보일 어떤 재능이 있더라도 말하자면 배알도 없는 사람처럼 살아야 하는 것입니다. 그것이 자기 부인입니다. 하나님은 우리를 있어도 그만, 없어도 그만인 모습으로 컨텍스트 속에 넣는다고 하셨기 때문입니다.

우리는 이 대목이 어렵습니다. 중요한 사명을 맡았으니 그에 합당한 대단한 지위를 가져야 마땅하다고 생각하기 때문입니다. 그러나 우선 떠올려야 하는 것은 예수님도 그렇게 살지 않으셨다는 사실입니다. 예수님은 아무런 지위도 갖지 않으셨습니다. 예수님의 길을 예비한 세례 요한도 광야에서 소리만 외칠 뿐이었습니다. 그는 신분의 보장도 확보되지 않은, '광야에서 외치는 소리'처럼 살아갔습니다. 우리 역시 아무것도 아닌 존재로 컨텍스트 속에 있습니다. 그리고 그 속에서 자기 십자가를 지고 죽음의 길을 걸어가는 것입니다. 아무것도 아닌 존재가, 죽어 버리면 그만인 인생을 살아가는 것입니다. 우리는 아마 죽어날 것입니다. 이것이 컨텍스트 속에서 부여받은 우리의 지위와 역할입니다.

못난 인생 속에 본문을 담으시는 하나님

신자의 이런 지위에 대해 들으면 아무도 '아멘'하지 않을 것입니다. 하지만 이것을 모르면 신앙생활을 할 수 없습니다. 왜냐하면 지금 이야기한 것이 모두의 현실이기 때문입니다. 우리는 매주 교회에 나와서 "주님, 저는 정말 억울합니다"라고 하소연합니다. 원치 않는 현실을 개선해 달라고 구하며, 희망에 찬 어떤 답을 얻어 가려고 매주 기대하는 얼굴로 왔다가 실망한 얼굴로 돌아가는 일을 반복합니다.

우리가 이런 일을 반복하는 것은 하나님이 일하시는 방식을 오해하기 때문입니다. 성경은 우리의 기대를 충족해 주겠다는 식의 약속을 단 한 번도 한 적이 없습니다. 우리는 성경이 약속한 것이 무엇인지도 모른 채 그저 진심, 선, 종교, 사명이라는 이름으로 안심을 얻고 자존심을 세우고 싶어 할 뿐입니다. 이런 우리에게 하나님이 그렇게는 못하겠다고 하셔서 보여 주신 것이 예수의 십자가입니다.

이사야 53장은 메시아에 대한 예언을 담고 있습니다. 메시아가 임할 것인데, 그 모습이 우리 기대 밖이라는 내용입니다.

우리가 전한 것을 누가 믿었느냐 여호와의 팔이 누구에게 나타났느냐 그는 주 앞에서 자라나기를 연한 순 같고 마른 땅에서 나온 뿌리 같아서 고운 모양도 없고 풍채도 없은즉 우리가 보기에 흠모

할 만한 아름다운 것이 없도다(사 53:1–2)

이것이 예수의 모습입니다. 하나님이 예수를 보내어 죄를 씻어 주시며, 죽음으로 끝날 인생을 부활로 승리하게 하시며, 하나님을 떠나 폐허가 된 인간의 심령에 찾아오셔서 그와 화목을 이루십니다. 하나님은 우리 아버지가 되어 주시며, 우리는 그의 자녀가 됩니다. 이것을 이루시는 분이 예수입니다. 예수가 볼품없는 모습으로 오셔서 이 일을 이루십니다.

우리가 전한 것을 누가 믿었느냐, 여호와의 팔이 누구에게 나타났느냐, 이렇게 예수는 아무것도 아닌 존재처럼 보입니다. 우리도 이 길을 걸어야 합니다. 하나님이 우리를 예수 안에서 당신의 자녀로 부르셨습니다. 그리고 세상의 조건, 현실, 구조, 틀, 배경, 무대 속에 우리를 넣으셨습니다. 이제 우리만이 본문을 담을 수 있는 하나님의 손길이 되었습니다. 각자의 자리로 돌아가 저마다 주어진 지위와 역할을 감당하십시오.

반복되는 하루에 담기는 텍스트

빌립보서 3장을 보면 신자가 자기 인생을 어떻게 바라보아야 하는지에 대한 이해를 얻을 수 있습니다.

내가 그리스도와 그 부활의 권능과 그 고난에 참여함을 알고자 하여 그의 죽으심을 본받아 어떻게 해서든지 죽은 자 가운데서 부활에 이르려 하노니 내가 이미 얻었다 함도 아니요 온전히 이루었다 함도 아니라 오직 내가 그리스도 예수께 잡힌 바 된 그것을 잡으려고 달려가노라 형제들아 나는 아직 내가 잡은 줄로 여기지 아니하고 오직 한 일 즉 뒤에 있는 것은 잊어버리고 앞에 있는 것을 잡으려고 푯대를 향하여 그리스도 예수 안에서 하나님이 위에서 부르신 부름의 상을 위하여 달려가노라 (빌 3:10-14)

마치 잘 쌓아 놓은 벽돌처럼 우리의 공적이 축적되는 일은 이 길에서 만날 수 없을 것입니다. 눈에 띄는 성취도 없이 그저 하루하루를 사는 것입니다. 뒤에 있는 것은 나는 모른다, 다만 오늘을 살 뿐이다, 바울의 이 말에는 어떤 뜻이 담겨 있는 것일까요? 오늘은 하나님이 내게 허락하신 컨텍스트이다, 하나님이 나를 통하여 본문을 담으려고 이 컨텍스트를 주신 것이다, 내 삶에 어떤 가치가 있으며 내 삶이 어디까지 왔는가, 이런 것은 나는 모른다, 단지 하나님이 명하시는 것은 내게 주어진 하루하루를 살라는 것이다, 바울은 자신의 삶을 이렇게 이해하고 있습니다.

이 하루는 어떤 하루입니까? 우리가 평생 겪어 온 하루입니다. 아무것도 아닌 하루이고, 폭풍우가 몰아치는 하루이며, 기가 막힌 일이 일어나고 자신의 존재가 거부당하는 것 같은 그 하루입니다. 바로 거기서 하나님이 우리를 통하여 본문을 담겠다고 하십니다. 이런 자신의 존재와 하루를 이해하지 못하고 세상 사람들처럼 오직 보이는 것으로만 삶의 의미와 정체성을 확인하려 든다면, 다만 우리는 종교라는 이름을 걸고 떼쓰는 사람에 불과해질 것입니다. 이 말씀을 좀 더 확대한 것이 에베소서 5장입니다. 이 말씀에서는 깨어 있으라, 술 취하지 말고 방탕하지 말라고 말씀합니다.

> 너희가 전에는 어둠이더니 이제는 주 안에서 빛이라 빛의 자녀들
> 처럼 행하라 빛의 열매는 모든 착함과 의로움과 진실함에 있느니
> 라 주를 기쁘시게 할 것이 무엇인가 시험하여 보라 (엡 5:8-10)

어둠이란 갈 바를 알 수 없게 하는 것이고 빛은 비추는 것입니다.
빛이 있으면 우리 인생과 존재가 무엇인지 보입니다. 빛이 있으면
무엇을 할 수 있다고 말씀합니까? 세상의 도전과 시험 앞에 텍스트
를 담아낼 수 있습니다. 하나님의 일하심을 알고 그분의 때를 기다
리는 사람만이 지닌 인내와 성실과 겸손과 믿음으로 일하게 됩니
다. 이것은 컨텍스트 경쟁이 아닙니다. 지위나 권력이나 능력을 가
져야 할 수 있는 것이 아닙니다.

우리는 매일 시험을 받습니다. 너는 어떤 존재냐, 너는 왜 그렇게
사느냐, 열심히 예수 믿어서 얻은 것이 무엇이냐, 그래서 사람들이
너를 알아주더냐, 라고 매일의 현실이 우리에게 와서 도전합니다.
이런 도전 앞에 어떻게 대답해야 할까요?

히브리서 11장에 나온 믿음의 사람들에게는 공통점이 있습니다.
세상이 부러워하는 보상을 받지 못하고 죽었다는 것입니다. 이것이
우리에게 믿음의 증거가 됩니다. 그러니 우리가 지금 늘어놓는, 나
살기 편한 컨텍스트를 달라는 기도 말고 어떤 컨텍스트 속에서도
텍스트를 담아내는 존재가 되게 해 달라는 기도를 하십시오. 이어
15절 말씀을 보겠습니다.

그런즉 너희가 어떻게 행할지를 자세히 주의하여 지혜 없는 자 같이 하지 말고 오직 지혜 있는 자 같이 하여 세월을 아끼라 때가 악하니라 그러므로 어리석은 자가 되지 말고 오직 주의 뜻이 무엇인지 이해하라 (엡 5:15-17)

매일 반복되는 우리 삶은 그냥 흘러가는 것이 아닙니다. 하나님이 그 속에서 일하십니다. 단지 우리 눈에 아직 안 보일 뿐입니다. 그러니 이 시간들을 그냥 흘려보내지 마십시오.

더 큰 하나님의 일하심을 담아내는 인격

신자의 삶은 보이는 것으로 보상받기 위해 주어지지 않았습니다. 이 사실을 깨닫는 것은 굉장히 어렵습니다. 하지만 그런 상황을 감수하는 것이 어렵다는 이유로, 혹은 뚫고 나가 극복할 실력이 없다는 이유로 똑바로 살아 내지 못한다면 우리가 하는 신앙고백은 거짓일 것입니다. 그러니 이 점을 짚고 넘어가야 합니다. 18절 말씀처럼 말입니다.

술 취하지 말라 이는 방탕한 것이니 오직 성령으로 충만함을 받으라 (엡 5:18)

이 말씀은 무슨 의미일까요? 술 취하는 것은 생각 없이 대강 넘어가자는 것입니다. 세월을 그냥 흘려보내는 것입니다. 술 취하는 것을 왜 방탕하다고 할까요? 술 취하면 깨어 있을 수 없기 때문입니다. 의식하지 못하는 사이에 시간이 흘러가듯 맡은 역할과 책임도 그냥 흘러가 버립니다. 그러니 인생을 마구 탕진하여 넋두리나 하고 분노하는 것으로 소비하지 마십시오. 자신이 처한 보잘것없는 지위와 억울한 상황을 감당하는 것이나 세상이 보기에 높은 지위에서 막중한 책임을 맡는 것이나 그 가치는 똑같습니다.

한 인간의 가치는 그가 자기 자신을 얼마나 넘어섰느냐에 달려 있습니다. 자기 자신을 넘어서 하나님을 믿는 것은 세상의 그 어떤 가치와 견줄 수 없을 만큼 큽니다. 하나님은 창조주이시고 인격자이십니다. 하나님이 없으면, 어떤 덕목이나 이상도 인격이 없는 명분에 불과할 따름입니다. 애국이나 인류애나 희생이라는 거창한 이름이 붙었다고 해도 마찬가지입니다. 이를 잊지 마십시오.

하나님을 아버지라 부르는 것이 얼마나 큰 은혜인지를 이해하여 자신의 삶을 소극적인 것에 머무르지 않게 하십시오. 하나님의 더 큰 일하심을 담아내는 인격이 되십시오. 자신이 당한 현실을 전인격으로 감수해 내십시오. 울기도 하고 한숨도 쉴지언정 결코 도망가지 않는 인생을 살아가십시오. 그래서 하나님이 우리를 통하여 기적을 이루고 계심을 인생에서 확인하십시오. 어떤 조건이나 어떤 시대에도 동일하게 나타나는 하나님의 기적을 만나십시오. 성경에서만 이 기적을 보는 것이 아니라 각자 현실과 인생에서 이 기적을 체험하는 복을 누리기 바랍니다.

질문하기

1.

하나님은 우리를 어떤 역할로 컨텍스트 속에 있게 하십니까?

2.

우리도 걸어야 하는 예수의 길은 어떤 길입니까?

3.

빌립보서 3장에서 바울은 자신의 인생을 어떻게 이해한다고
말합니까?

나누기

삶 속에서 넋두리나 분노를 줄이기 위하여 실천할 수 있는 일은
무엇인지 나누어 봅시다.

시간,
성숙에 이르는 길

1 믿음이 연약한 자를 너희가 받되 그의 의견을 비판하지 말라 2 어떤 사람은 모든 것을 먹을 만한 믿음이 있고 믿음이 연약한 자는 채소만 먹느니라 3 먹는 자는 먹지 않는 자를 업신여기지 말고 먹지 않는 자는 먹는 자를 비판하지 말라 이는 하나님이 그를 받으셨음이라 4 남의 하인을 비판하는 너는 누구냐 그가 서 있는 것이나 넘어지는 것이 자기 주인에게 있으매 그가 세움을 받으리니 이는 그를 세우시는 권능이 주께 있음이라 5 어떤 사람은 이 날을 저 날보다 낫게 여기고 어떤 사람은 모든 날을 같게 여기나니 각각 자기 마음으로 확정할지니라 6 날을 중히 여기는 자도 주를 위하여 중히 여기고 먹는 자도 주를 위하여 먹으니 이는 하나님께 감사함이요 먹지 않는 자도 주를 위하여 먹지 아니하며 하나님께 감사하느니라 7 우리 중에 누구든지 자기를 위하여 사는 자가 없고 자기를 위하여 죽는 자도 없도다 8 우리가 살아도 주를 위하여 살고 죽어도 주를 위하여 죽나니 그러므로 사나 죽으나 우리가 주의 것이로다 9 이를 위하여 그리스도께서 죽었다가 다시 살아나셨으니 곧 죽은 자와 산 자의 주가 되려 하심이라 10 네가 어찌하여 네 형제를 비판하느냐 어찌하여 네 형제를 업신여기느냐 우리가 다 하나님의 심판대 앞에 서리라 11 기록되었으되 주께서 이르시되 내가 살았노니 모든 무릎이 내게 꿇을 것이요 모든 혀가 하나님께 자백하리라 하였느니라 12 이러므로 우리 각 사람이 자기 일을 하나님께 직고하리라 (롬 14:1-12)

믿음이 약한 자와 강한 자

신앙생활을 하다 보면, 나와는 생각이 다른 사람이 많다는 것을 알게 됩니다. 이런 내용을 로마서 14장이 다루고 있습니다. 여기서 예로 든 바와 같이, 어떤 사람은 채소만 먹고 어떤 사람은 고기도 먹습니다. 초대교회 당시는 로마제국이 통치하던 때였습니다. 로마는 많은 신들을 숭배하며 우상에 의지하여 통치한 나라입니다. 우상을 섬기는 방법으로 제물을 바쳐 제사를 지내곤 했는데, 시장에 나온 고기 대부분은 그 우상들에게 바쳐졌던 제물입니다. 바벨론에 포로로 잡혀간 다니엘과 세 친구가 그리했듯이, 로마제국 당시에도 '나는 절대 고기를 먹지 않겠다'고 다짐한 사람들이 있었습니다. 우상을 섬기지 않겠다는 각오를 이렇게 표현한 것입니다.

한편 고기를 먹는 사람들의 생각은 이렇습니다. 우상이란 원래 없는 것인데 사람들이 무지하여 우상에게 제물을 갖다 바친 것이다. 고기를 먹지 않겠다는 사람들은 우상에게 바친 제물이니 안 먹겠다는 것인데 오히려 이는 우상을 인정하는 꼴이다. 그러니 우상의 존재 자체를 부정하는 나는 고기를 먹겠다, 했던 것입니다.

어떤 이들은 고기를 먹지 않음으로써 우상을 섬기지 않는 신앙을 실천하려 했고, 또 다른 이들은 고기를 먹음으로써 우상숭배하지 말라는 명령을 실천하려고 했던 것입니다. 그래서 이 둘 사이에 갈등이 생겼습니다. 로마서 14장에서는 믿음이 연약한 자를 어떻게 대할 것인지에 대한 권면이 나오고, 15장에서는 믿음이 강한 자와 약한 자가 서로 용납하며 살라는 권고가 나오는데, 바울은 둘 중 어느 한쪽을 편들어 줄 의도가 없어 보입니다.

또 14장 5절, "어떤 사람은 이 날을 저 날보다 낫게 여기고 어떤 사람은 모든 날을 같게 여기나니 각각 자기 마음으로 확정할지니라"에서 보듯이, 유대교의 전통을 따라 토요일을 성일로 지키는 자들과 예수님이 부활하신 주일을 성일로 지키는 사람들 사이에 논쟁이 있었다는 것을 알 수 있습니다.

구약 내내 안식일을 지키라고 했고 이는 십계명에도 들어 있는 명령인데 어떻게 이를 바꿀 수 있겠느냐 하는 것이 한 편의 주장이었고, 다른 한 편은 안식일이 지닌 상징과 안식일이 증언하고자 한 내용이 이미 예수 안에서 완성되었으므로 신자들은 이제 안식일이 아니라 주일을 지켜야 한다고 주장한 것입니다. 이것도 큰 싸움 중 하나였습니다.

바울은 고기를 먹을 것인가 말 것인가, 그리고 어떤 날을 성일로 지킬 것인가 하는 이 두 주제는 기독교의 사활이 걸린 문제가 아니라고 분명히 언급합니다. 14장에서 가장 중요한 구절은 1절로, "믿음이 연약한 자를 너희가 받되 그의 의견을 비판하지 말라"라는 말씀입니다. 그런데 이 권면은 15장 1절에 가면, "믿음이 강한 우리는 마땅히 믿음이 약한 자의 약점을 담당하고 자기를 기쁘게 하지 아니할 것이니라"라는 말씀으로 더 나아갑니다. '믿음이 강한 자와 믿음이 약한 자'를 우열의 개념으로 비교하고 있지 않다는 것을 알 수 있습니다.

그러니 14장 4절에 있는 "남의 하인을 비판하는 너는 누구냐 그가 서 있는 것이나 넘어지는 것이 자기 주인에게 있으매 그가 세움을 받으리니 이는 그를 세우시는 권능이 주께 있음이라"라는 말씀을 기억해야 합니다. 우리는 '믿음이 강한 자와 믿음이 약한 자'라는 개념을 대개 평면적으로 이해하여 누구는 강하고 누구는 약하고, 누구는 우월하고 누구는 열등하다는 식으로 비교하는 데 급급하지만, 하나님의 일하심을 제대로 이해하려면 '시간'이라는 요소를 중요하게 고려해야 합니다.

초등학생이 고급한 단어나 사상을 알지 못한다고 해서 그를 열등하다고 평가하지는 않습니다. 아이를 평가할 때는 아이의 나이를 고려하는 법입니다. 보통 그 또래의 아이를 기준으로 평가하지, 아이를 한 분야의 전문가와 대등한 차원에 놓고 비교하지는 않습니다. 이처럼 '믿음이 강한 자와 약한 자'의 대비는 시간이라는 요소를 염두에 두어야 하는 일입니다. 더욱이 성경은 이 문제에 대한 심판권은 하나님에게 있다고 이야기합니다. 10절을 봅시다.

네가 어찌하여 네 형제를 비판하느냐 어찌하여 네 형제를 업신여기느냐 우리가 다 하나님의 심판대 앞에 서리라 기록되었으되 주께서 이르시되 내가 살았노니 모든 무릎이 내게 꿇을 것이요 모든 혀가 하나님께 자백하리라 하였느니라 이러므로 우리 각 사람이 자기 일을 하나님께 직고하리라 (롬 14:10-12)

판단은 하나님이 하십니다. 그러니 시간과 순서를 고려하지 않은 채 평면적 차원에서 우열을 가리지 말라고 합니다.

컨텍스트에 대한 이해가 더 넓어져야

신앙 현실에서 종종 경험하는 일 중 하나는 예수를 믿는다는 고백 말고는 신앙의 내용에서 다른 사람과 일치하는 부분이 드물다는 사실입니다. 다들 각자 형편에 따라 신앙을 이해하는 셈입니다.

한국 교회에 부흥 운동이 막 일어나던 70년대 무렵, 신자들을 강타한 것은 '구원의 확신이 있는가?'라는 질문이었습니다. 그런데 구원의 확신이 있는가, 하는 질문은 사실 애매합니다. 당신은 구원을 받았는가, 혹은 당신은 예수를 믿는가, 라고 물어야 맞는데 구원의 확신이 있는가, 라고 물었던 것입니다. 이렇게 물은 것은 요구하는 어떤 답이 있어서였을 것입니다. 즉 구원의 확신을 물어보는 말 속에는 당신이 구원을 받은 그 순간이 당신에게 극적 사건으로 기억되어 있는가, 하는 질문이 담겨 있습니다. 그러니 이 질문은 모태 신앙인이 답하기에 대단히 애매했습니다. 그들은 자신의 기억 속 가장 아득한 어린 시절에도 교회 안에 있었으니 말입니다.

구원의 확신에 대해 질문하는 이들이 확인하고 싶었던 것은 아마 이런 것이 아닐까 합니다. 유아세례를 받고 교회 안에서 어물쩍 신앙생활 해 온 것 말고 자기가 분명하게 기억하는 계기, 전과 후가 확연히 달라지게 된 결정적 사건이 있었는가 하는 것입니다. 모태신앙으로 자라 온 제게 이런 질문은 당황스러운 것이었지만, 이 질문이 어떤 오해에서 비롯한 것인가를 나중에 알게 되었습니다. 하나님을 만나 생명과 구원을 받은 날이라는 컨텍스트가 하나님이라는 텍스트와 구분되어 있지 않았던 것입니다. 그래서 텍스트는 특정한 정황이라는 틀, 곧 어떤 특정한 컨텍스트에서만 담길 수 있다고 착각했던 것입니다. 다들 요한복음 3장 16절로 구원받았다고 고백해야 인정해 주었고 다른 성경 구절을 근거로 대면 열등하다고 취급되거나 믿음을 의심받았던 것입니다.

텍스트와 컨텍스트가 어떻게 묶이는지를 안다면, 또 컨텍스트에는 공간과 틀만이 아니라 시간이라는 요소도 있다는 것을 안다면, 자기 신앙을 확고히 인정하게 될 것입니다. 또한 타인의 신앙에 대해서도 폭넓게 이해하게 될 것입니다. 우리가 따지기 좋아하는 우열의 문제는 시간을 염두에 두고 생각해야 합니다. 지금은 우리 뒤에 머뭇거리고 있는 연약한 이가 장차 본문을 얼마나 멋지게 담아낼지 우리는 모릅니다.

그러나 뜻밖에도 교회는 교회가 가진 분명한 확신 때문에 사회보다도 더 경직되고 융통성 없이 굴 때가 종종 있습니다. 때로는 교회에서 더 심하게 정죄하기도 합니다. 수십 년 전 한 교단에서는 파마하는 것도 죄였습니다. 매니큐어 바르는 것은 그보다 더 중한 죄였습니다. 사실 이런 일은 본문 곧 텍스트가 아닌데 말입니다. 그러나 그때는 본문을 어떻게 담아내야 하는지 몰라 절제, 희생, 심지어 자학에 가까운 헌신을 보이는 것으로 본문을 대체하곤 했습니다. 금식 기도, 산 기도, 직장 신우회 같은 것이 그런 것이었습니다. 이런 행위가 소용없다는 이야기가 아닙니다. 그러나 그것이 텍스트는 아닙니다. 이것을 기억하십시오.

컨텍스트에 대한 이해가 더 넓어져야 합니다. 신우회로 모이는 것 자체가 잘못은 아니지만 그렇게 모여서 할 수 있는 것은 신앙생활의 일부일 뿐입니다. 신앙의 분명함을 나타내기 위해서는 모일 수 있지만, 그것으로 신앙의 모든 것을 다 담으려고 해서는 안 됩니다. 전부를 담으려면 우리에게 주어진 이 시대, 지금의 현실, 자신의 지위 그리고 우리와 연결되어 있는 이웃 안으로 직접 들어가야 합니다.

모두를 하나로 묶으시는 예수

로마서 14장 7절을 봅시다.

우리 중에 누구든지 자기를 위하여 사는 자가 없고 자기를 위하여 죽는 자도 없도다 우리가 살아도 주를 위하여 살고 죽어도 주를 위하여 죽나니 그러므로 사나 죽으나 우리가 주의 것이로다 이를 위하여 그리스도께서 죽었다가 다시 살아나셨으니 곧 죽은 자와 산 자의 주가 되려 하심이라 (롬 14:7-9)

강한 자와 약한 자 정도가 아니라 산 자와 죽은 자의 구분이 나옵니다. 여기서 말하는 산 자와 죽은 자는 예수 믿는 자와 안 믿는 자를 의미합니다. 이 둘을 다 예수 안에서 묶으시려고 예수께서 죽으셨다가 살아나셨다고 합니다. 그리하여 모두의 주가 되려고 하신답니다. 믿는 자에게는 영생의 주로 오시며, 믿지 않는 자에게는 심판의 주가 되실 것입니다. 그러나 이 말씀은 이런 구별을 짓는 데에 그 목적이 있지 않습니다.

로마서 14장은 신앙의 삶을 구체적으로 살아 내기로 한 자들에게, 즉 자기를 위하여 살지 않고 자기를 위하여 죽지도 않는 자들에게 하는 이야기입니다. 생명과 사망이라는 묶을 수 없는 간격을 묶어 채우시는 예수를 기억하여 신앙생활 하라고 이야기하는 것입니다. 만만치 않은 요구이지만, 이 일을 시작하신 이가 반드시 이룰 것임을 확신하기에 우리는 힘을 내어 신앙생활 할 수 있습니다.

빌립보서 1장입니다.

내가 너희를 생각할 때마다 나의 하나님께 감사하며 간구할 때마다 너희 무리를 위하여 기쁨으로 항상 간구함은 너희가 첫날부터 이제까지 복음을 위한 일에 참여하고 있기 때문이라 너희 안에서 착한 일을 시작하신 이가 그리스도 예수의 날까지 이루실 줄을 우리는 확신하노라 (빌 1:3-6)

착한 일을 시작하신 이가 실패하지 않으실 것이라는 확신이 여기 있습니다. 구원을 주신 이가 이를 완성하시며 우리를 승리하게 하실 것이라고 합니다. 이를 '성도의 견인(堅忍)'이라고 합니다. 신앙의 성패는 우리 손에 달려 있지 않습니다. 이미 약속하셨고 목적하신 하나님이 구원을 주시고 완성하십니다.

우리 인생, 우리 고백, 우리 운명이 예수로 확인되며 예수의 부활이 이것을 더욱 분명하게 증언하고 있다는 사실을 놓치지 않아야합니다. 그러니 신앙이란 같은 교회 공동체 내에서 모두 마음이 같고, 뜻이 같고, 표현이 같고, 척 하면 알아듣는 일사불란한 행위로 드러나는 것이 아님을 알아야 합니다. 원수와 같이 서 있는 것입니다. '저 사람은 왜 교회에 나올까' 하는 질문이 생겨나는 정황 속에서 신앙생활을 하는 것입니다. 이 중요한 사실을 간과한 채 그 정황을 살아 낼 실력이 없으면 교회는 힘을 잃습니다.

생명과 진리는 하나님만이 주실 수 있습니다. 하나님이 생명과 진리를 알게 하는 은혜를 주지 않으시면, 생명을 키우시는 당신의 능력을 우리에게 베풀지 않으시면, 승리와 영광을 주시는 약속을 우리에게 허락하지 않으시면, 당신의 본문을 우리에게 심지 않으시면, 어떤 컨텍스트도 의미가 없습니다.

하나님이 바로 여기서 일하겠다고 하셨기 때문에 우리는 기다립니다. 오늘을 살아 냅니다. 자기 역할을 소중히 여기며 보이는 지금의 정황뿐만 아니라 보이지 않는 것에 귀 기울여 순종합니다.

우리는 컨텍스트를 조작하여 잠시 도망갈 수 있습니다. 그러나 텍스트를 조작할 수는 없습니다. 그것은 하나님에게 속한 것이요, 은혜로만 주어지는 것이기 때문입니다. 그것이 산 자와 죽은 자의 구별 없이, 모든 죄인을 위하여 당신 자신을 주신 예수님의 사랑의 깊이와 넓이입니다. '하나님이 세상을 이처럼 사랑하사 독생자를 주셨으니'라는 말씀에 담긴 의미입니다. 이런 사랑을 알고 또한 믿고 있다면 우리가 살아 내지 못할 컨텍스트란 없습니다. 그러니 자신의 인생과 현실과 지위를 불평하고 비교하고 다른 것으로 확인하려 들지 마십시오. 각자에게 허락된 조건에서 억울함과 막막함과 두려움을 견디면서 기다리십시오. 그것이 믿음입니다.

질문하기

1.

'믿음이 강한 자와 약한 자'의 대비를 올바로 이해하려면 무엇을 고려해야 합니까?

2.

신앙의 분명함을 넘어서 신앙의 전부를 풍성하게 담으려면 우리는 어디로 들어가야 합니까?

3.

교회가 힘을 잃지 않으려면 어떤 정황을 살아 내야 합니까?

나누기

교회 안에서 컨텍스트를 텍스트처럼 오해하여 다른 이들에게 불필요한 강요를 하는 경우에 대해서 나누어 봅시다.

09

이웃,
그들의 고난에
동참하라

13 그런즉 우리가 다시는 서로 비판하지 말고 도리어 부딪칠 것이나 거칠 것을 형제 앞에 두지 아니하도록 주의하라 14 내가 주 예수 안에서 알고 확신하노니 무엇이든지 스스로 속된 것이 없으되 다만 속되게 여기는 그 사람에게는 속되니라 15 만일 음식으로 말미암아 네 형제가 근심하게 되면 이는 네가 사랑으로 행하지 아니함이라 그리스도께서 대신하여 죽으신 형제를 네 음식으로 망하게 하지 말라 16 그러므로 너희의 선한 것이 비방을 받지 않게 하라 17 하나님의 나라는 먹는 것과 마시는 것이 아니요 오직 성령 안에 있는 의와 평강과 희락이라 18 이로써 그리스도를 섬기는 자는 하나님을 기쁘시게 하며 사람에게도 칭찬을 받느니라 19 그러므로 우리가 화평의 일과 서로 덕을 세우는 일을 힘쓰나니 20 음식으로 말미암아 하나님의 사업을 무너지게 하지 말라 만물이 다 깨끗하되 거리낌으로 먹는 사람에게는 악한 것이라 21 고기도 먹지 아니하고 포도주도 마시지 아니하고 무엇이든지 네 형제로 거리끼게 하는 일을 아니함이 아름다우니라 22 네게 있는 믿음을 하나님 앞에서 스스로 가지고 있으라 자기가 옳다 하는 바로 자기를 정죄하지 아니하는 자는 복이 있도다 23 의심하고 먹는 자는 정죄되었나니 이는 믿음을 따라 하지 아니하였기 때문이라 믿음을 따라 하지 아니하는 것은 다 죄니라 (롬 14:13-23)

배타적 우월감을 넘어서

로마서 14장은 성도들 간에 신앙의 특징과 기호가 각각 다르다는 점을 인정하라고 권면합니다. 어떤 날을 다른 날보다 더 중히 여기거나 어떤 음식은 먹지 않는 것을 신앙의 기준으로 삼는 이들이 있습니다. 또 윤리성이나 종교성을 신앙생활의 눈금으로 삼는 이들도 있습니다. 이는 다 좋은 훈련 방법입니다. 그러나 다른 한편에는 하나님을 알고 하나님의 자녀로 사는 일의 폭넓음을 이해하여 고정된 기준과 규칙을 초월하여 자유를 누리는 사람도 있기 마련입니다. 이렇게 서로 다르니 싸우지 말라고 말씀합니다. 서로 다른 견해를 가진 자들이 배타적 비판과 정죄로 자기 증명을 하려고 해서는 안 된다고 합니다.

본문에 나온 배타적 비판과 정죄의 문제가 예전 한국 교회 상황에서는 주일 성수에 대한 관점의 차이로 드러났습니다. 당시는 유대인들이 안식일을 지키듯 엄격하게 주일을 지켰습니다. 오늘에 와서는 그렇게까지 지키지 않습니다. 아마 신앙에 대한 이해가 좀 더 넓어지고 깊어져서 그런 경직된 기준이나 눈금을 우리도 모르는 사이에 넘어서게 된 것 같습니다.

당연히 부작용도 있었습니다. 그나마 있던 몇 안되는 눈금마저 없어져 주일 성수가 애매하게 되었습니다. 주일날 교회에 나오지 않아도 더 이상 겁을 안 내게 되었습니다. 물론 주일을 못 지키게 되면 겁을 먹고 지내라는 말이 아닙니다. 그런데 주일에 교회 나오는 것이 얼마나 복된 일인지 아는 경지에는 이르지 못한 채, 주일을 안 지켜도 아무렇지도 않은 데에 만족하여 이 정도에 머무르고 있는 것은 아닌지 모르겠습니다. 여기서 기억해야 할 중요한 가르침이 로마서 14장에 나옵니다.

남의 하인을 비판하는 너는 누구냐 그가 서 있는 것이나 넘어지는 것이 자기 주인에게 있으매 그가 세움을 받으리니 이는 그를 세우시는 권능이 주께 있음이라 (롬 14:4)

이 말씀에 '아멘'으로 응답할 수 있어야 합니다. 우리가 보기에 '저건 아닌데' 싶은 것도 아닌 채로 끝나지 않으며, '이렇게 해야 맞는데'라는 생각이 들더라도 그것만이 전부가 아님을 알아야 합니다. 우리가 할 수 있는 것보다 더 큰 능력이 주께 있습니다. 이미 잘된 것을 더 잘되게 하고, 실패했던 것마저 역전할 수 있는 권능이 주께 있으므로 우리는 우리가 다 아는 것같이 행동할 수는 없습니다. 우리 눈에 잘못된 것 같아 보여도 끝장났다고 생각해서는 안 된다고 성경은 강력히 권면합니다. 우리가 아직 죄인이었을 때에 구원받았다는 사실을 평생 잊어서는 안 됩니다.

물론 교회 공동체로 모여 함께 신앙생활 할 때에 아무 제재 없이 방임하는 상태가 지속되면 혼란스러울 것입니다. 그래서 이런 경우에는 어떻게 질서를 잡을 것인가 하는 문제가 등장합니다. 이에 대해 본문은 너희는 상대방이 오해할 일은 하지 마라, 상대방이 걸려 넘어지게 되는 시험거리는 만들지 말라고 권면합니다.

비판하지 말고 정죄하지 말라는 성경의 가르침은 무슨 의미이며, 부딪칠 것이나 거칠 것을 형제 앞에 두지 말라는 것은 무슨 뜻일까요? 자신의 정체성을 '나는 너와 다르다'는 배타적 우월로 확인하여 차별하지 말라는 것입니다. 세상과 구별된 존재인 우리야말로 다른 이들이 할 수 없는 일들을 할 수 있고, 또 해야만 한다는 뜻입니다.

모두가 예수 믿게 되기를 소원할 만큼 예수 믿는 일에 자신이 있다면 예수 믿지 않는 사람들이 하지 못하는 일뿐만 아니라 그들이 생각할 수도 없는 일들을 해야 합니다. 그런 일은 하지도 않은 채 예수 믿으라고 고함만 지른다면 어느 누구도 믿으려 하지 않을 것입니다. 우리는 우리를 세우시는 하나님이 어떤 분인지를 증언해야 하며, 그 하나님에 의해 세워진다는 것이 얼마나 영광스러운 일인가를 보여야 합니다. 로마서 13장에서는 다음과 같은 권면으로 영광스러운 부르심을 드러내라고 합니다.

사랑은 이웃에게 악을 행하지 아니하나니 그러므로 사랑은 율법 윤리나 도덕으로 대하지 말고 사랑으로 하십시오. 사랑은 무엇입니까? 사랑은 져 주는 것이며, 상대를 위하여 기다려 주는 것이며, 양보하는 것입니다. 이 사랑의 짐을 지는 것 때문에 신자의 인생은 고단합니다. 예수를 믿는 우리 인생이 고통스러운 것은 자신이 저지른 잘못에 대한 대가를 치르고 있기 때문이 아닙니다. 우리는 이웃의 짐을 지는 자이기 때문에 그렇습니다. 우리는 이웃을 위해 양보하고 살아야 하는 자들입니다. 못난 자들, 대적하는 자들, 말이 안 통하는 사람들을 끌어안고 살아야 하는 자들입니다. 이런 우리의 문제를 해결해 달라고 요구하지만, 하나님은 우리에게 사랑하며 살라고 답하십니다. 우리가 있어서 우리 곁에 사는 이웃이 살 만하다는 생각이 들도록 그렇게 살라고 하십니다.

사실 이러한 명령은 신자라면 순종해야 할 당연한 명령인데도 자주 무시되고 늘 다른 것으로 대체되어 왔습니다. 우리는 이웃을 사랑하기보다 전도, 선교, 봉사, 구제와 같이 종교색이 짙은 행위로 신앙생활을 쉽게 때워 버리고, 거기서 얻은 안심과 만족감으로 자기 신앙을 확인하려고 합니다. 그래서는 안 됩니다. 말이 안 되는 세상을 살아 내야 합니다. 내가 있어서 누군가는 흙탕물을 밟지 않고 나를 딛고 걸어가도록 해야 합니다. 그렇게 살라고 예수님이 죽으셨습니다.

하나님의 자녀가 누릴 영광의 자유

이런 권면은 무엇을 위해 주어진 것입니까? 로마서 8장에 가 봅시다.

생각하건대 현재의 고난은 장차 우리에게 나타날 영광과 비교할
수 없도다 피조물이 고대하는 바는 하나님의 아들들이 나타나는
것이니 피조물이 허무한 데 굴복하는 것은 자기 뜻이 아니요 오직
굴복하게 하시는 이로 말미암음이라 그 바라는 것은 피조물도 썩
어짐의 종 노릇 한 데서 해방되어 하나님의 자녀들의 영광의 자유
에 이르는 것이니라 (롬 8:18-21)

피조물이 허무한 데 굴복합니다. 썩어집니다. 홍수가 있고 가뭄이
있고 지진이 있고 폭풍이 있습니다. 그렇게 자연의 재앙이 있습니
다. 피조물이 이처럼 허무한 데 굴복하는 것은 하나님의 자녀들의
영광의 자유를 기다리고 있기 때문입니다. 이 자유는 단순히 무엇
을 선택하는 권리에 불과한 것이 아닙니다. 그것을 넘어 생명이 마
음껏 크는 것, 아름다움이 충만하고 자랑과 기쁨이 가득한 거룩한
자리에 이르는 것을 의미합니다. 모든 피조물은 이것을 기다리고
있습니다.

예수를 믿고 나면 이 일을 할 수 있게 됩니다. 하나님의 자녀의 영
광을 자유롭게 누릴 수 있습니다. 예수가 기꺼이 세상 죄를 지고 간
것처럼, 내가 사는 이 시대의 현장에서 예수의 이름으로 기꺼이 이
웃들을 보듬어 안을 수 있게 됩니다. 이것은 가난을 구제해 주고 상
대방이 요구하는 모든 것을 들어주는 몇 가지 행동으로 하는 것이

아닙니다. 우리는 상대방을 후벼 내고 정죄하고 꺾어 넘어뜨리는 존재가 결코 되지 않으리라, 말도 안 되는 상대방의 원망과 공격을 하나님의 자녀라는 영광에서 우러나오는 넉넉함으로 다 품으리라, 하고 변화된 존재로 사는 것입니다.

이 명예를 모르면 안 됩니다. 우리가 가진 자유가 무엇인지 이제 알았다면, 그리고 이 자유는 하나님의 자녀 된 영광을 알기에 누릴 수 있는 것임을 이해한다면, 사랑은 더 이상 명분이거나 어떤 문제를 해결하는 수단 정도가 아니라는 것을 알게 될 것입니다. 사랑하며 사는 일이 바로 명예입니다.

쉽게 되지는 않을 것입니다. 오늘 겪은 모욕과 실수를 감내하고 누군가를 용서하는 일입니다. 잘 극복하리라고 결심했더라도 그다음 날이 되면 어제와 똑같은 결심을 반복해야 합니다. 내가 용서하고 보복하지 않기로 했다고 해서 컨텍스트가 바뀌는 것도 아닙니다. 어제의 깨달음에도 불구하고 다시 다음 날 철없는 것들의 모욕과 무례를 맞닥뜨리게 됩니다. 세력을 잡은 자들의 말도 안 되는 차별을 다시 감내해야 합니다. 성경은 이 일을 우리에게 가르칩니다. 갈라디아서 말씀을 봅시다.

> 우리가 선을 행하되 낙심하지 말지니 포기하지 아니하면 때가 이르매 거두리라 그러므로 우리는 기회 있는 대로 모든 이에게 착한 일을 하되 더욱 믿음의 가정들에게 할지니라 (갈 6:9-10)

선을 행할 때에 낙심될 만큼, 포기하고 싶을 만큼의 상황이 있을 것이라고 시사해 주는 구절입니다. 그래도 낙심하거나 포기하지 말라고 합니다. 물론 원하는 보상을 받지는 못할 것입니다. 선을 행하는 일 자체가 위대한 것임을 알지 못한다면 신자로 사는 것이 무엇인지 모르는 것입니다.

이렇게 다만 참고 희생하는 것이 전부라면 억울하다는 생각이 듭니까? 그런데 이것이야말로 하나님의 자녀에게 주어진 영광의 자유입니다. 왜 그럴까요? 인간에게 이것보다 더 영광스러운 일은 없기 때문입니다. 상대방을 굴복시키고 꺾어 버리는 것은 아무런 명예가 되지 않습니다. 힘으로 이기는 것이 우리 영혼과 인격에 아무런 도움을 주지 않는다는 사실은 나이가 들면 더 확실해집니다. 세상이 우리에게 약속하고 우리를 속였던 것들의 진실을 알게 됩니다. 하나님의 사람으로 사는 것이 얼마나 굉장한 것인가를 배우게 되며 어떠한 상황에서도 '아무래도 괜찮다'라고 할 수 있게 됩니다.

이웃이 되어 주십시오. 이웃에게 까다롭게 굴지 마십시오. 무엇이 옳은가에 대해 긴 설명을 늘어놓지 말고, 가서 편들어 주십시오. 그들의 고난에 동참해 주십시오. 그리하여 같은 배를 타고 있음을 알게 하십시오. 그렇게 되면 고린도전서 15장의 이 말씀을 입술이 아닌 우리 존재 자체로 증언할 수 있게 될 것입니다.

> 우리 주 예수 그리스도로 말미암아 우리에게 승리를 주시는 하나님께 감사하노니 그러므로 내 사랑하는 형제들아 견실하며 흔들리지 말고 항상 주의 일에 더욱 힘쓰는 자들이 되라 이는 너희 수고가 주 안에서 헛되지 않은 줄 앎이라 (고전 15:57-58)

성경이 우리에게 들려주는 말씀이고 이제 우리가 우리를 만난 이

웃들에게 실천해야 하는 일입니다. 괜찮아, 예수가 당신의 인생을 역전할 수 있어, 라는 이야기를 말로 하지 않더라도 전해지게 될 것입니다. 이것이 신자 된 인생의 영광스러운 길인 것을 이해하지 못하면, 밤낮 신세타령에서 벗어날 수 없습니다. "아무 데라도 상관없어. 아무래도 괜찮아"라고 고백하는 이 명예와 자랑이 인생에 가득하기를 바랍니다.

질문하기

1.

로마서 14장에 따르면 교회의 질서를 세우는 방법은 무엇입니까?

2.

예수를 믿는 우리의 인생이 고통스러운 이유는 무엇입니까?

3.

'하나님의 자녀들의 영광의 자유'에 대해 설명해 봅시다.

나누기

상대를 굴복시키고 꺾어 버리는 것이 아무런 명예가 되지 않는다
는 것을 경험한 적이 있다면 함께 나누어 봅시다.

자랑,
서로를 받을 수
있게 된 실력

1 믿음이 강한 우리는 마땅히 믿음이 약한 자의 약점을 담당하고 자기를 기쁘게 하지 아니할 것이라 2 우리 각 사람이 이웃을 기쁘게 하되 선을 이루고 덕을 세우도록 할지니라 3 그리스도께서도 자기를 기쁘게 하지 아니하셨나니 기록된 바 주를 비방하는 자들의 비방이 내게 미쳤나이다 함과 같으니라 4 무엇이든지 전에 기록된 바는 우리의 교훈을 위하여 기록된 것이니 우리로 하여금 인내로 또는 성경의 위로로 소망을 가지게 함이니라 5 이제 인내와 위로의 하나님이 너희로 그리스도 예수를 본받아 서로 뜻이 같게 하여 주사 6 한마음과 한 입으로 하나님 곧 우리 주 예수 그리스도의 아버지께 영광을 돌리게 하려 하노라 7 그러므로 그리스도께서 우리를 받아 하나님께 영광을 돌리심과 같이 너희도 서로 받으라 (롬 15:1–7)

구원의 역사에 참여하는 인생

우리는 로마서 14장에서 믿음이 연약한 자를 비판하거나 정죄하지 말라는 말씀을 보았습니다. 15장에 오면 한 걸음 더 나아가 믿음이 약한 자의 약점을 담당하라는 권면에 이릅니다. 기독교 신앙에서 윤리는 독립되어 존재하는 가치가 아닙니다. 남을 비난하지 않고 그 사람의 약점을 짊어지는 것은 기독교 신앙에 근거하여 주어지는 권면입니다. 우리가 이런 고급한 윤리를 따르는 것은 윤리 그 자체에 가치가 있기 때문이 아닙니다. 우리에게 윤리적인 행동이 있다면 이는 우리가 가진 신앙을 표현한 것으로, 믿는 바를 드러내는 순종의 행위인 것입니다. 이는 구원으로 말미암아 가능하게 되었습니다.

우리의 구원은 이천 년 전에 이미 이루어진 것이기 때문에 뒤집어질 수 없습니다. 번복될 수 없습니다. 그런데 보다시피 우리는 모두 죄인으로 태어납니다. 구원은 이미 예수 안에서 완성되었는데, 태어나기는 죄인으로 태어납니다. 하나님은 거기서부터 출발하십니다. 역사 속에서 이미 완성하신 구원이 각 개인에게 구체화되도록 개인의 인생에 실제로 구원을 적용하십니다. 사람마다 죄인으로 태어나 하나님 없이 살다가 예수를 만납니다. 그렇게 예수 안에서 하나님이 이루신 것과 세상이 만들어 낸 것의 분명한 차이를 보며, 하나님이 정하신 인간의 영광과 궁극적 목적을 예수 안에서 확인합니다. 이것이 인생입니다.

그러므로 우리가 사는 인생은 내가 선택한 대로 책임을 지거나 보상을 받는 삶이 아닙니다. 하나님 없이 살던 비참한 삶에서 빠져나와 예수로 말미암아 하나님의 자녀로 살게 된 것을 누리는 영광의 삶이며, 지금도 계속되는 하나님의 일하심에 동참하는 삶입니다. 하나님은 인류를 부르시는 구원 역사(役事)를 지금도 펼치고 계십니다. 이 일은 예수님이 다시 오시기까지 계속될 것인데, 이 일에 우리가 참여하는 것입니다.

짐을 서로 지라

갈라디아서 6장에 가 봅시다.

형제들아 사람이 만일 무슨 범죄한 일이 드러나거든 신령한 너희는 온유한 심령으로 그러한 자를 바로잡고 너 자신을 살펴보아 너도 시험을 받을까 두려워하라 너희가 짐을 서로 지라 그리하여 그리스도의 법을 성취하라 만일 누가 아무 것도 되지 못하고 된 줄로 생각하면 스스로 속임이라 각각 자기의 일을 살피라 그리하면 자랑할 것이 자기에게는 있어도 남에게는 있지 아니하리니 각각 자기의 짐을 질 것이라 (갈 6:1–5)

매사를 옳고 그름, 유익함과 무익함, 잘한 사람과 잘못한 사람으로 쉽게 나누지 말라는 말씀입니다. 물론 이런 구별이 필요할 때가 있습니다. 그러나 사람을 대할 때에는, 저 사람이 지금은 틀렸지만 이 잘못으로 끝은 아니다, 이번에는 내가 옳았지만 이 옳음이 전부가 아니다, 이런 이해가 있어야 합니다. 3절에 나온 "만일 누가 아무것도 되지 못하고 된 줄로 생각하면 스스로 속임이라"라는 권면은 바로 이런 차원에서 나온 것입니다. 옳고 그름이 전부가 아니며, 잘못을 지적하는 것이 전부가 아닙니다. 인류가 하나님 앞에 거역하고 멸망을 자초했을 때에 하나님은 그들이 행한 대로 갚지 아니하시고 기다려 주시고 당신의 아들을 보내어 인류를 구원하셨습니다. 하나님은 지금도 그렇게 일하고 계시니 너희 지체 중 누가 범죄한 일이 드러나거든 하나님의 일하심을 믿고 그 짐을 나눠서 지라고 말씀하는 것입니다.

로마서 14장에 나온 '남의 하인을 비판하는 너는 누구냐'라는 구절도 이런 맥락에서 이해해야 합니다. 그에게 주인이 있지 않느냐, 주인이 그를 세울 수도 있고 넘어뜨릴 수도 있다, 하인을 세우는 권능은 그 주인에게 있다, 이처럼 연약한 자를 세우시는 권능은 하나님에게 있다, 용서와 기적과 구원은 하나님에게 있다, 그러니 네가 심판하려 하지 마라, 하나님의 구원이 필요한 사람 옆에 너를 보내 셨으니 그 옆에 서라, 이렇게 이야기하는 것입니다.

갈라디아서 6장은 이렇게 이어집니다. "각각 자기의 일을 살피라 그리하면 자랑할 것이 자기에게는 있어도 남에게는 있지 아니하리 니 각각 자기의 짐을 질 것이라"(갈 6:4-5). 자기 혼자 자랑스럽게 생각해도 남에게까지 자랑할 수 없는 일이란 어떤 것을 말하는 것 일까요? 우리가 하나님의 세우심과 고쳐 주심, 베푸심을 위하여 서 있고 또 이 일에 보냄을 받았다는 사실을 아는 일을 말합니다.

처한 현실을 벗어나 관망만 하지 마십시오. 한발 물러나 심사위 원처럼 해설이나 하지 말고 그 팀에 들어가 일원이 되십시오. 응원 하던 축구팀이 지거든 같이 우십시오. 내 그럴 줄 알았어, 이런 말 은 하지 마십시오. 이것이 신자가 현실에 대해 가져야 할 자세입니 다. 성경이 신자에게 요구하는 명령에 담긴 하나님의 뜻을 발견해 야 합니다.

성령 충만

하나님이 어떻게 일하시는가에 대한 이해가 없으면 신앙생활을 할 수 없습니다. 하나님의 이름을 부르며 하나님을 찾지만 나 편하게 해 달라는 것밖에 할 기도가 없고, 우리 이웃에게도 "나 좀 편히 살 게 너는 내 말 잘 들어라"라고 윽박지르는 것 말고는 할 말이 없게 됩니다. 그런데 성경은 우리 기대와는 전혀 다른 이야기를 하고 있 습니다. 에베소서 5장에 가 봅시다.

그런즉 너희가 어떻게 행할지를 자세히 주의하여 지혜 없는 자 같이 하지 말고 오직 지혜 있는 자 같이 하여 세월을 아끼라 때가 악하니라 그러므로 어리석은 자가 되지 말고 오직 주의 뜻이 무엇인가 이해하라 술 취하지 말라 이는 방탕한 것이니 오직 성령으로 충만함을 받으라 시와 찬송과 신령한 노래들로 서로 화답하며 너희의 마음으로 주께 노래하며 찬송하며 범사에 우리 주 예수 그리스도의 이름으로 항상 아버지 하나님께 감사하며 그리스도를 경외함으로 피차 복종하라 (엡 5:15-21)

술 취하지 말고 오직 성령으로 충만함을 받으라고 합니다. 세월을 아끼라고 말하는 가운데 나온 권면입니다. 세월을 아끼는 문제는 주어진 '오늘'을 매일 살아 내는 문제입니다. 오늘을 살라는 말씀입니다.

오늘은 어떤 날입니까? 반복되는 일상이 이어지는 가운데 별별 일이 다 생기는 인생의 무대입니다. 신자의 인생이든 불신자의 인생이든 다를 바 없이 먹고살기에 바쁜 일상, 그것이 바로 오늘입니다. 이 하루에 온갖 일이 다 생깁니다. 가정에도 끊임없이 일이 터지고 우리가 사는 사회에도 사건과 사고가 끊이지 않습니다.

오늘은 내가 준비할 수 있는 날이 아닙니다. 하나님이 준비하신 곳으로 나를 보내시는 날이 오늘입니다. 어느 나라에 태어나 어떤 신분과 처지에 사는가는 하나님이 정하셨고 우리는 그리로 보내진 것입니다. 그런데 이것을 감수하지 못한 채 왜 이런 현실이 벌어졌는가, 왜 이런 조건과 정황을 주시는가, 하며 답답해하기 때문에 술에 취하여 시간을 흘려보내게 됩니다.

술 취하지 말라는 에베소서의 말씀은 시간을 헛되게 흘려보내지 말라는 말씀입니다. 허송세월하지 말고 생각하고 고민하며 살라는 것입니다. 고민하면 지혜를 얻게 되고 답을 얻게 된다는 말을 하려는 것일까요? 아닙니다. 고민하여 죽어나라는 이야기입니다. 어떻게 해야 거기서 도망가지 않고 죽어날 수 있을까요? 우리가 지금 있는 자리가 성령이 이끄시는 자리, 성령이 함께하여 우리에게 요구하시는 자리라는 것을 알아야 그럴 수 있습니다. 이것이 성령 충만입니다.

묶으심에 붙들려

하나님의 일하심을 알고 그분의 뜻에 순종하면 우리 마음이 평안해질까요? 그렇지는 않습니다. 사람의 마음은 그렇게 깊고 넓지 않습니다. 늘 아슬아슬하고 조마조마하지만 그 속에서 순종하는 것입니다. 우리가 할 수 없는 일을 하게 되는 것은 하나님이 예수 안에서 먼저 그렇게 하셨기 때문입니다. 우리로서는 받을 자격이 없는데, 하나님이 우리에게 허락하셨기에 그런 하나님의 일하심을 따라가는 것입니다.

이제 우리는 예수 안에서 하나님의 성실하심을 보았고 그 은혜를 입어 예수 믿는 일의 명예를 알게 되었습니다. 그러니 예수로 보이신 하나님의 사랑과 능력에 나를 묶겠다고 기꺼이 순종하십시오. 그리스도를 경외함으로 피차 복종하기를 다짐하십시오. 정 못 참겠으면 한강에 나가 고함 한번 지르고 오십시오. 그리고 돌아와 다시 그 짐을 짊어지십시오.

나는 왜 마음이 편하지 않을까, 나는 왜 마음에 계속 다른 생각이 들까, 나는 왜 온전해지지 않을까, 이런 자책이 우리 발목을 잡습니다. 이런 것으로 무흠하고자 하면 자기를 닦고 또 닦느라 주어진 삶을 실제로 살아 내지 못합니다. 할 수 있는 만큼 하십시오. 할 수 있는 만큼도 하지 않으면서, 오늘 하루를 제대로 살아 내지도 못하면서, 끊임없이 때만 밀고 결벽만 떨다가는 결코 멋지게 살아 내지 못하게 됩니다. 우선 작은 일부터 하십시오. 옆에 있는 이웃에게 고마워하고 감사하는 일, 따뜻한 눈으로 이웃을 격려하는 일부터 하십시오.

우리는 왜 이웃에게 좋은 표정 하나 지어 주지 못하는 것일까요? 인생이 암담하기 때문입니다. 자기 삶이 잘못된 것 같고 틀린 것 같기 때문입니다. 하지만 우리는 그리스도가 열어 놓으신 길에 이미 서 있습니다. 그러니 기쁜 마음으로 교회에 나와 웃어 주십시오. 고린도전서 2장에서 사도 바울은 이런 이야기를 합니다.

형제들아 내가 너희에게 나아가 하나님의 증거를 전할 때에 말과 지혜의 아름다운 것으로 아니하였나니 내가 너희 중에서 예수 그리스도와 그가 십자가에 못 박히신 것 외에는 아무 것도 알지 아니하기로 작정하였음이라 내가 너희 가운데 거할 때에 약하고 두려워하고 심히 떨었노라 내 말과 내 전도함이 설득력 있는 지혜의 말로 하지 아니하고 다만 성령의 나타나심과 능력으로 하여 너희 믿음이 사람의 지혜에 있지 아니하고 다만 하나님의 능력에 있게 하려 하였노라 (고전 2:1-5)

왜 바울은 하나님의 능력으로만 복음을 전한다고 했을까요? 인간이 할 수 있는 것과는 비교할 수 없이 큰 것이어서 그렇습니다. 여기서 바울은, 인간이 만들어 낼 수 없는 것을 만들어 주시려고 하나님이 나를 보내셨다는 것을 안다, 너희에게 전하려고 하는 것은 내가 설득하고 설명하고 감동을 줘서 만들 수 있는 일이 아니다, 하나님이 이 일을 위해 나를 보내셨다는 것을 알기에 나는 빈손으로 뛰어들 수 있었다, 나는 그리스도와 십자가만 가지고서 들어간다, 라고 고백합니다.

아브라함도 그렇게 살았습니다. 아브라함이 한 일이 무엇이 있습니까? 고향과 친척과 아비 집에서 떠나 왔다 갔다 하다 죽습니다. 왔다 갔다 한 것이 전부입니다. 그렇게 살아 온 아브라함에게 하나님이 무엇이라고 하십니까? "내가 네게 복을 주어 네 이름을 창대케 하리니 너는 복이 될지라"라고 하셨습니다. 아브라함은 복입니다. "너는 복이 될지라. 너를 축복하는 자에게는 내가 복을 내리고 너를 저주하는 자에게는 내가 저주하리니 땅의 모든 족속이 너로 말미암아 복을 얻을 것이니라."

이것을 기억하십시오. '왔다 갔다'가 전부인 인생, 그것이 아브라함입니다. 거기서 하나님은 일하십니다. 사람들이 그런 아브라함을 보고 은혜를 받습니다. 하나님이 그런 삶에도 은혜를 주십니다. 그러니 아브라함은 왔다 갔다만 하면 됩니다. 예수가 보이신 길로, 이 아무것도 아닌 것 같은, 지는 것 같고 망하는 것 같은 십자가의 길로 하나님이 은혜를 담겠다고 하십니다. 얼마나 다행한 말씀입니까? 어느 수준 이상이 되어야만 은혜를 담을 수 있다고 기준을 정하지 않으셨습니다. 얼마나 감사한 말씀입니까. 그러니 마음 놓고 사십시오. 시와 찬송과 신령한 노래들로 서로 화답하며 감사하며 피차 복종하십시오. 삶의 모든 조건이 하나님의 통치 아래 있음을 잊지 마십시오. 우리 인생이, 하나님의 주도권 아래에 있음을, 예수로 말미암아 인류와 역사의 운명을 당신과 묶으신 능력에 붙들려 있음을 기억하고 이 삶을 살아 내는 기적이 있기를 바랍니다.

질문하기

1.

기독교인의 윤리적 행동이란 무엇입니까?

_____

2.

별별 일이 다 생기는 인생의 무대인 오늘을 어떻게 하면 도망
가지 않고 살 수 있습니까?

_____

3.

고린도전서 2장에서 바울이 하나님의 능력으로만 복음을 전한
다고 했던 이유가 무엇입니까?

_____

나누기

옆에 있는 믿음의 식구들에게 먼저 고마움과 감사를 표현해 봅
시다.

배역,
할 수 있는 만큼
하라

22 그러므로 또한 내가 너희에게 가려 하던 것이 여러 번 막혔더니 23 이제는 이 지방에 일할 곳이 없고 또 여러 해 전부터 언제든지 서바나로 갈 때에 너희에게 가기를 바라고 있었으니 24 이는 지나가는 길에 너희를 보고 먼저 너희와 사귐으로 얼마간 기쁨을 가진 후에 너희가 그리로 보내주기를 바람이라 25 그러나 이제는 내가 성도를 섬기는 일로 예루살렘에 가노니 26 이는 마게도냐와 아가야 사람들이 예루살렘 성도 중 가난한 자들을 위하여 기쁘게 얼마를 연보하였음이라 27 저희가 기뻐서 하였거니와 또한 저희는 그들에게 빚진 자니 만일 이방인들이 그들의 영적인 것을 나눠 가졌으면 육적인 것으로 그들을 섬기는 것이 마땅하니라 28 그러므로 내가 이 일을 마치고 이 열매를 그들에게 확증한 후에 너희에게 들렀다가 서바나로 가리라 29 내가 너희에게 나아갈 때에 그리스도의 충만한 복을 가지고 갈 줄을 아노라 30 형제들아 내가 우리 주 예수 그리스도와 성령의 사랑으로 말미암아 너희를 권하노니 너희 기도에 나와 힘을 같이하여 나를 위하여 하나님께 빌어 31 나로 유대에서 순종하지 아니하는 자들로부터 건짐을 받게 하고 또 예루살렘에 대하여 내가 섬기는 일을 성도들이 받을 만하게 하고 32 나로 하나님의 뜻을 따라 기쁨으로 너희에게 나아가 너희와 함께 편히 쉬게 하라 33 평강의 하나님께서 너희 모든 사람과 함께 계실지어다 아멘 (롬 15:22-33)

바울의 사명과 고민

본문 22절을 보면 사도 바울이 로마에 가기를 간절히 원했다는 것을 알 수 있습니다. 로마에 복음이 전파되어 그곳에 이미 예수 믿는 사람들이 생겼다는 사실 때문에 바울은 매우 고무되어 있습니다. 로마는 당시 제국의 수도였고, 사도 바울은 복음을 전 인류에게 전파하는 것을 자신의 사역으로 이해하였으니 당연히 로마에 가고 싶었을 것입니다. 그러나 바울은 여러 가지 일로 몸이 묶여 로마에 가지 못하고 있었고 그러던 중에 편지를 먼저 보냈는데, 그 편지가 바로 로마서입니다.

바울이 가고자 했던 궁극적 목적지는 스페인입니다. 23절 이하에서 보듯, 바울은 로마에 들렀다가 스페인으로 가고자 합니다. 그런데 로마서를 쓸 당시 그는 예루살렘에 가야 할 일이 있어서 로마에 있는 성도들에게 우선 편지부터 보내게 된 것입니다. 바울이 예루살렘에 가야 했던 것은 마게도냐와 아가야 지방에 있는 교회들이 예루살렘 교회의 가난한 사람들을 위해 모은 구제 헌금을 전달하기 위해서입니다.

이 헌금을 전달하는 일은 매우 중요해서 바울은 먼저 예루살렘에 다녀온 뒤에 충만한 기쁨을 안고 로마에 있는 성도들을 만나고자 생각하였습니다. 나는 로마에 들렀다가 스페인으로 갈 작정이다, 그런데 그전에 먼저 예루살렘에 가야 하는 중요한 일이 있다, 이 일이 순조롭게 진행되고 기쁨과 은혜가 넘치도록 기도해다오, 이렇게 된 것입니다. 그런데 바울은 예루살렘에 가는 이 일을 왜 이렇게 중요하게 여겼을까요?

바울이 이방인을 위한 사도가 된 것은 유대인들이 복음을 받아들이지 않았기 때문입니다. 유대인들은 예수가 하나님이 약속하신 메시아라는 사실을 믿지 않았습니다. 하나님이 이스라엘을 선민으로 삼아 이루고자 하셨던 궁극적 목적이 예수를 통해 이루어질 거라고는 인정하지 않았습니다. 이스라엘은 율법을 지키고 할례를 받는 것이 구원의 길이라고 믿었습니다. 그런데 '예수로 구원을 얻는다'는 말은 이 모든 것을 부정하는 것처럼 보였습니다. 그래서 유대인이나 이방인이나 차별 없이 은혜로 구원받는다는 말을 유대인들은 모욕으로 여겼던 것입니다.

이런 이유로 바울은 선교 여행을 할 때 언제나 유대인들로부터 공격을 받았습니다. 심지어는 살해 위협까지 받았습니다. 이런 일은 사도행전에 잘 나타나 있습니다. 유대인들은 자기네가 믿는 종교를 지키기 위하여 이 이단아 같은 자, 곧 자기네가 믿는 하나님을 왜곡하는 바울을 방해하고 제거하는 데에 열심을 내었던 것입니다.

그러나 바울은 하나님이 이스라엘에 약속하신 메시아가 바로 예수이며, 그가 십자가를 통해서 성취하신 구원을 모든 인류에게 베푸셨다는 사실을 하나님의 부름을 받아 깨닫습니다. 그리고 이 복음을 전하고 있습니다. 이런 상황에서 바울은 이방 교회가 세워지게 된 것과 또한 이들이 예루살렘 교회를 위해 구제 헌금을 한 일을 아주 중요한 사건으로 이해한 것입니다. 이 일은 예루살렘 교회와 이방 교회가 모두 예수 안에서 동등하게 하나님의 구원과 은혜를 나누고 있다는 것을 잘 보여 주기 때문입니다.

이제 바울이 예루살렘에 가게 되면 배타적 유대교를 고집하는 민족주의자들이 틀림없이 그를 죽이려고 할 것입니다. 더구나 이방 교회들이 예루살렘 교회를 돕는다고 하면, 아무리 예수를 믿는 유대인들이라고 할지라도 민족적 우월감 때문에 상당한 불쾌감을 드러낼 것입니다. 이방 교회는 예수 안에서 한 형제라는 이유로 예루살렘 교회에 헌금했던 것인데 말입니다. 바울은 '감히 이방 교회가 우리를 돕다니'라고 하는 유대인들의 곱지 않은 시선과 오해 때문에 이방 교회의 순수한 마음과 진심이 상처를 입을지도 모른다고 염려했습니다. 그래서 자칫하면 오해받을 수 있는 이 일을 바울이 자원해서 맡은 것입니다.

유대인들이 지닌 선민으로서의 자랑은 하나님이 무엇을 위하여 그들에게 주신 것입니까? 약속에 신실하신 하나님을 보이기 위해서입니다. 로마서 15장 7절 이하에 나온 말씀에서 이 점을 확인할 수 있습니다. '그러므로 그리스도께서 우리를 받아 하나님께 영광을 돌리심과 같이 너희도 서로 받으라 내가 말하노니 그리스도께서 하나님의 진실하심을 위하여 할례의 추종자가 되셨으니 이는 조상들에게 주신 약속들을 견고하게' 하고자 하신 것입니다.

이방에게는 안 주시고 이스라엘에게만 주신 약속으로 하나님이 당신의 신실하심을 드러내셨습니다. 하나님은 이 약속을 다 지키심으로 당신이 신실하시다는 사실을 선민을 통해 충분히 증명하셨습니다. 이것이 선민이 누린 혜택입니다. 그렇다면 이방은 무엇인가, 라는 질문이 나오게 됩니다. 이어 나오는 구절을 봅시다.

이방인들도 그 긍휼하심으로 말미암아 하나님께 영광을 돌리게 하려 하심이라 기록된 바 그러므로 내가 열방 중에서 주께 감사하고 주의 이름을 찬송하리로다 함과 같으니라 또 이르되 열방들아 주의 백성과 함께 즐거워하라 하였으며 또 모든 열방들아 주를 찬양하며 모든 백성들아 그를 찬송하라 하였으며 또 이사야가 이르되 이새의 뿌리 곧 열방을 다스리기 위하여 일어나시는 이가 있으리니 열방이 그에게 소망을 두리라 하였느니라 (롬 15:9-12)

하나님은 이스라엘을 선민으로 구별하여 그들과 언약 관계를 맺으셨습니다. 그렇게 하여 그들에게 언약을 주시고 지키시는 신실한 분임을 드러내셨습니다. 그들을 선민으로 택하셔서 하나님의 분명하심을 드러내신 것입니다. 그런데 하나님이 궁극적으로 하시려는 일은, 이방 곧 약속을 받지 않고 특별한 관계 속에 있지 않아 마치 외면당한 것 같은 이들에게도 다 복을 주시는 것이었습니다. 그렇게 하여 당신의 풍성한 긍휼과 자비를 보이시려 했던 것입니다. 선민과 이방의 구별이 우리에게는 옳음과 그름, 잘남과 못남의 구별로 다가오지만, 하나님은 이 구별을 통해 선민에게는 하나님의 분명하심을, 이방에게는 하나님의 무한하심을 드러내신 것입니다.

어떤 역할을 맡고 싶습니까? '하나님의 분명하심'을 드러내는 역할을 맡은 사람이 배타적 우월감 속에 있는 것은 그가 못나서 그렇습니다. '하나님의 무한하심'을 맛본 사람들이 무책임하고 게으르게 구는 것도 그들이 못나서 그런 것입니다. 하나님은 선민과 이방인의 구별을 통하여, 하나로는 다 드러낼 수도 다 담을 수도 없는 당신의 분명하심과 무한하심, 신실하심과 은혜 베푸심을 인류 역사에 보이셨다고 로마서는 이야기합니다.

배역을 감당하라

선민이라는 우월 의식에 사로잡혀 믿지 않는 자들을 개로 여겼던 유대인의 실수를 반복하지 말고, 이방까지 은혜로 품으셨던 하나님의 폭을 생각하십시오. 잘났다면 그 잘남을 다른 이들을 위하여 사용할 줄 아는 자리까지 가십시오. 자신의 잘남이 배타적 우월감으로 작용하지 않도록 애쓰십시오. 하나님이 다른 이들을 살리기 위해 우리를 키우셔서 그들에게 보내셨다는 것을 알아야 합니다.

모세를 위인이라고 생각합니까? 모세가 하나님의 필요를 채워드렸다고 생각합니까? 이는 전부 신성을 모독하는 발언입니다. 그 누가 하나님에게 도움이 될 수 있겠습니까. 우리는 방해물일 뿐입니다. 하나님은 우리 없이 당신 혼자서 일하시는 것이 훨씬 편할 것입니다. 우리와 함께 일하려면 하나님은 천천히 걸으셔야 할 것입니다. 그리고 우리한테 다 가르쳐 주고자 하시면 아마 우리의 뇌가 터질 것입니다. 그렇다고 하나님이 강제로 하시면 우리는 비명 지를 것이 뻔합니다.

그래도 하나님은 우리와 일하시겠다고 합니다. 하나님은 보잘것없는 우리를 들어서도 세상을 이기시는 분입니다. 그 사실을 매일 확인하게 됩니다. 종종 나는 왜 이럴까, 하는 생각이 들겠지만 사실 하나님은 우리 정도로도 충분하십니다. 보리떡 다섯 개면 괜찮다고 하셨습니다. 적을 만나면 어떻게 해야 한단 말인가 하는 생각이 들겠지만 괜찮습니다. 물맷돌 하나면 충분합니다.

그런데 우리에게는 이 여유가 없습니다. 믿음이 없기 때문입니다. 하나님이 어떻게 일하시는지를 알지 못하여 밤낮 조건이나 힘에서 남보다 우위에 서고 싶어 하고, 상대를 무릎 꿇려 자기 편한 방향으로만 해결하려고 듭니다. 그래서 결국 서로 고함만 지르게 되고 늘 인상만 쓰다가 헤어집니다. 성경은 그럴 필요가 없다고 합니다. 걱정하지 말라는 것입니다. 고린도전서 4장을 봅시다.

사람이 마땅히 우리를 그리스도의 일꾼이요 하나님의 비밀을 맡은 자로 여길지어다 그리고 맡은 자들에게 구할 것은 충성이니라 너희에게나 다른 사람에게나 판단 받는 것이 내게는 매우 작은 일이라 나도 나를 판단하지 아니하노니 내가 자책할 아무 것도 깨닫지 못하나 이로 말미암아 의롭다 함을 얻지 못하노라 다만 나를 심판하실 이는 주시니라 그러므로 때가 이르기 전 곧 주께서 오시기까지 아무 것도 판단하지 말라 그가 어둠에 감추인 것들을 드러내고 마음의 뜻을 나타내시리니 그 때에 각 사람에게 하나님으로 각각 자기 일을 하라, 각자의 조건으로 현실을 살아 내라, 그리고 충성하라고 하십니다. 드라마에서 배우가 어떤 역할을 맡으면 거기에 맞는 분장을 해야 하고 적절한 옷을 입어야 합니다. 자신의 배역을 잘 소화해야 하기 때문입니다. 맡은 배역에 충성하십시오. 도대체 이게 뭔가 하는 생각이 들겠지만, 그에 대한 답은 하나님이 알아서 책임지실 것입니다. 각자 할 수 있는 만큼 하십시오. 잘못했더라도 거기서 돌이켜 한 걸음씩 더 나아가게 된다면 도리어 그 실수가 우리 인생에 복이 될 것입니다. 실제로 살아 보고 해 보십시오. 그래서 나아지십시오. 후회하고 성찰하는 일 속에서 하나님이 베푸시는 은혜를 확인하게 될 것입니다. 못난 짓밖에 한 것이 없는데도 훌륭해지는 것, 이것이 신자의 인생입니다.

분명함에서 넉넉함으로

《배제와 포용》을 쓴 미로슬라브 볼프(Miroslav Volf)라는 신학자가 있습니다. 이 사람은 크로아티아인으로 끔찍한 내전을 경험한 사람입니다. 내전 중에 가족들이 살해되는 참혹한 현장을 경험한 그는 씻을 수 없는 고통과 상처를 받게 되고, 이러한 현실을 신학으로 풀어 냅니다. 그는 한 강연회에서 크로아티아가 겪은 내전과 이로 인한 처참한 현실을 결국 '용서'로 해결해야 한다고 연설합니다. 강연 마지막 즈음에 위르겐 몰트만(Jürgen Moltmann)이라는 신학자가 날카

로운 질문을 던집니다. "강연 잘 들었습니다. 하지만 당신은 그들을 용서했습니까? 그들을 진정 끌어안을 수 있습니까?" 이 질문에 한참 동안 침묵을 지키던 미로슬라브 볼프가 결국 "용서하지 못했습니다"라고 대답합니다. 몰트만은 "그러면 왜 강연은 이렇게 하는 것입니까?"라고 다시 질문합니다. 볼프가 "이것이 정답이기 때문입니다"라고 답하자 다시 몰트만이 묻습니다. "그러면 어떻게 할 것입니까?" 볼프는 "용서하는 길로 나아가야죠"라고 말을 맺습니다.

현실과 정답 사이에는 거리가 있습니다. 인정할 수밖에 없는 사실입니다. 우리는 목적지가 분명한 길을 가고 있습니다. 이 길로 나아가면서 우리가 선택한 것이 무엇인지를 배우게 됩니다. 아직 실력이 없어서 용서하지 않기로 선택할 수도 있습니다. 그때는 용서하지 않을 때 무슨 결과가 생기는지 배우게 될 것입니다. 보복해서는 아무런 답이 없다는 사실을, 누구를 욕하는 것으로는 영혼에 아무런 유익이 없다는 것을 실컷 배우게 될 것입니다.

성경이 말하는 용서는 우리의 영혼에 답이 되고, 우리의 인생에 대해 감사하게 할 것입니다. 성경의 가르침은 다만 강요나 윤리적 당위가 아니라, 실재하는 진리입니다. 그 때문에 성경이 우리에게 권하고 요구하는 것입니다. 우리가 순종해야 할 이유입니다.

그러니 이 복된 인생을 살아가십시오. 불신이 가득하고 고함 소리만 높은 이 시대에 열린 마음을 가지고 살아가십시오. 우리 이웃이, 이 사람만 내 옆에 있으면 숨을 쉴 것 같다고 떠올려 주는 그런 사람이 되십시오. 따뜻하고 고마운 사람이 되십시오. 그리하여 복된 자리를 지켜 내고 이 시대를 구원해 내십시오.

질문하기

1.

바울이 로마에 가기 전에 예루살렘에 먼저 가야 했던 이유는 무엇입니까?

2.

선민과 이방의 구별을 통해 하나님은 각각 무엇을 드러내셨습니까?

3.

성도의 인생이 못난 짓밖에 한 것이 없는데도 훌륭해지는 이유는 무엇입니까?

나누기

힘겨워하는 누군가의 옆에 있으면서 그 사람을 숨 쉬게 해 주는 사람이란 어떤 사람입니까? 구체적 사례를 들어 설명해 봅시다.

질문과 답

01

1. 신앙의 실천은 언제 가능합니까?

한 사람의 마음에 믿음이 들어가 그가 신앙의 위대함을 깨닫고 기꺼이 항복하여 스스로 그 길에 들어서야 가능합니다. (19쪽)

2. '산 제물'로 사는 삶이란 어떤 것입니까?

복음을 구체적인 자신의 인생에 담아내는 그 명예로운 길을 걸어 하나님의 영광을 드러내는 삶입니다. (21쪽)

3. 에베소서 4장 24절의 '새 사람을 입으라'는 말씀은 무슨 뜻입니까?

하나님이 예수 안에서 허락하신 구원으로 말미암은 자유를 누리라는 것입니다. (23쪽)

02

1. 출애굽한 이스라엘 백성에게 하나님은 어떤 인생을 살라고 하십니까?

예전에는 누릴 수 없었던 영광스러운 삶, 세상은 도무지 알지 못하는 복된 인생을 살라고 하십니다. (32쪽)

2. 순종하는 자리란 어떤 자리입니까?

제한된 자리입니다. (33쪽)

3. 하나님은 인간 존재의 정체성을 어디에 두셨습니까?

'관계를 위한 독립된 인격'이라는 데에 두셨습니다. (36쪽)

03

1. 세상이 "너, 이겨야 해"라고 우리를 속일 때, 성경은 무엇이라고 말합니까?

"괜찮아, 너, 충분하다." (45쪽)

2. 은사를 생각할 때 잊지 않아야 할 점은 무엇입니까?

하나님이 나 같은 사람도 부르셨고, 이런 나를 통해 일하신다는 사실입니다. (46쪽)

3. 우리만이 질 수 있으며 패배 속에서도 부활 승리를 만들어낼 수 있다는 사실을 인정하지 않으면 어떻게 됩니까?

세상이 행하는 모든 야비함과 더러움을 기독교라는 명분으로 가장한 채 똑같이 추구하게 됩니다. (48쪽)

04

1. 우리는 언제 좋은 표정을 지으며 선으로 악을 이기는 삶을 살 수 있습니까?

우리가 어떤 인생을 허락받았으며, 부름받은 우리의 역할이 무엇인지 알게 될 때입니다. (54쪽)

2. 로마서 12장 16절의 "서로 마음을 같이하며 높은 데 마음을 두지 말고 도리어 낮은 데 처하며 스스로 지혜 있는 체 하지 말라"라는 말씀은 무슨 뜻입니까?

'너는 작가가 아니다. 너는 배우다. 그러니 네 역할에 충실해라'라는 뜻입니다. (57쪽)

3. 빌립보서 2장의 '두렵고 떨림으로 구원을 이루라'는 명령은 무슨 뜻입니까?

너를 위하여 온 세상과 역사가 있으니 잘 살아 내라는 것입니다. (59쪽)

05

1. 로마서 13장의 '권세에 대한 복종' 문제는 어떤 맥락에서 등장한 것입니까?

선을 어떻게 구체적으로 행할 것인가 하는 맥락에서 등장한 것입니다. (64쪽)

2. 예수님은 광야에서 마귀에게 세 가지 시험을 받습니다. 이 시험들의 공통점은 무엇입니까?

이 시험들은 모두 '컨텍스트 속으로 들어오지 말고 컨텍스트 밖으로 나가라'고 요구하는 것입니다. (67쪽)

3. 마태복음 24장의 '깨어 있으라'는 명령은 무슨 의미입니까?

주어진 컨텍스트와 텍스트를 혼동하지 말고 무엇이 텍스트인지 알라는 것입니다. (70쪽)

06

1. '위에 있는 권세' 곧 컨텍스트를 어떻게 이해할 수 있습니까?

우리가 지금 살고 있는 이 시대의 정치권력과 그것이 형성한 사회 질서라고 할 수 있습니다. (77쪽)

2. 이삭은 어떤 존재입니까?

없어도 되는 존재의 현현(顯現)이자 텍스트를 담고 있는 자입니다. (80쪽)

3. 우리 각자가 어떤 자리에 있든지 하나님이 넣으시는 공통된 텍스트는 무엇입니까?

예수입니다. (81쪽)

07

1. 하나님은 우리를 어떤 모습으로 컨텍스트 속에 있게 하십니까?

있어도 그만, 없어도 그만인 모습으로 컨텍스트 속에 넣으셨습니다. (89쪽)

2. 우리가 걸어야 하는 예수의 길은 어떤 길입니까?

아무것도 아닌 존재처럼 보이나 본문을 담은 하나님의 손길로 사는 삶입니다. (91쪽)

3. 빌립보서 3장에서 바울은 자신의 인생을 어떻게 이해한다고 말합니까?

'내 삶에 어떤 가치가 있으며 내 삶이 어디까지 왔는가, 이런 것은 나는 모른다. 단지 하나님이 명하시는 것은 내게 주어진 하루하루를 살라는 것이다.' (92쪽)

08

1. '믿음이 강한 자와 약한 자'의 대비를 올바로 이해하려면 무엇을 고려해야 합니까?

시간을 고려해야 합니다. (102쪽)

2. 신앙의 분명함을 넘어 신앙의 전부를 풍성하게 담으려면 우리는 어디로 들어가야 합니까?

우리에게 주어진 이 시대, 지금의 현실, 자신의 지위 그리고 우리와 연결되어 있는 이웃 안으로 직접 들어가야 합니다. (105쪽)

3. 교회가 힘을 잃지 않으려면 어떤 정황을 살아 내야 합니까?

'저 사람은 왜 교회에 나올까' 하는 질문이 생겨나는 정황입니다. (107쪽)

09

1. 로마서 14장에 따르면 교회의 질서를 세우는 방법은 무엇입니까?

상대방이 오해하거나 걸려 넘어지게 되는 시험거리는 만들지 말라는 것입니다. (114쪽)

2. 예수를 믿는 우리의 인생이 고통스러운 이유는 무엇입니까?

우리는 이웃의 짐을 지는 자들이기 때문입니다. (115쪽)

3. '하나님의 자녀들의 영광의 자유'에 대해 설명해 봅시다.

생명이 마음껏 크는 것, 아름다움이 충만하고 자랑과 기쁨이 가득한 거룩한 자리에 이르는 것입니다. (116쪽)

10

1. 기독교인의 윤리적 행동이란 무엇입니까?

우리가 가진 신앙을 표현한 것으로, 믿는 바를 드러내는 순종의 행위입니다. (124쪽)

2. 별별 일이 다 생기는 인생의 무대인 오늘을 어떻게 하면 도망가지 않고 살 수 있습니까?

우리가 지금 있는 자리가 성령이 이끄시는 자리, 성령이 함께하여 우리에게 요구하시는 자리라는 것을 알아야 합니다. (129쪽)

3. 고린도전서 2장에서 바울이 하나님의 능력으로만 복음을 전한다고 했던 이유가 무엇입니까?

인간이 만들어 낼 수 없는 것을 만들어 주시려고 하나님이 자신을

보내셨다는 것을 알기 때문입니다. (131쪽)

11

1. 바울이 로마에 가기 전에 예루살렘에 먼저 가야 했던 이유는
무엇입니까?

마게도냐와 아가야 지방에 있는 교회들이 예루살렘 교회의 가난
한 사람들을 위해 모은 구제 헌금을 예루살렘 교회에 전달해야 했
기 때문입니다. (137쪽)

2. 선민과 이방의 구별을 통해 하나님은 각각 무엇을 드러내셨
습니까?

선민에게는 하나님의 분명하심을, 이방에게는 하나님의 무한하
심을 드러내셨습니다. (140쪽)

3. 성도의 인생이 못난 짓밖에 한 것이 없는데도 훌륭해지는 이
유는 무엇입니까?

후회하고 성찰하는 일 속에서 하나님이 은혜를 베푸시기 때문입
니다. (142쪽)